100 RECEITAS PARA CRIANÇAS FELIZES

100 RECEITAS PARA CRIANÇAS FELIZES

Mantenha seu filho concentrado, ativo e cheio de energia com uma alimentação saudável

CHARLOTTE WATTS E GEMINI ADAMS

PUBLIFOLHA

The Top 100 Recipes for Happy Kids foi publicado no Reino Unido e na Irlanda em 2007 pela Duncan Baird Publishers Ltd, 6º andar, 75-76 Wells Street, Londres W1T 3QH.

COORDENAÇÃO DO PROJETO: PUBLIFOLHA
Assistência editorial: Camila Saraiva
Produção gráfica: Soraia Pauli Scarpa
Assistência de produção gráfica: Priscylla Cabral e Mariana Metidieri

PRODUÇÃO EDITORIAL: ESTÚDIO SABIÁ
Edição: Silvana Salerno
Tradução: Rose Peinado
Preparação de texto: Diego Rodrigues
Revisão: Ceci Meira, Julia Duarte e Valéria Sanalios
Editoração eletrônica: Andrea Melo (Pólen Editorial)

EDIÇÃO ORIGINAL: DUNCAN BAIRDS PUBLISHERS
Gerente editorial: Grace Cheetham
Editoras: Emma Callery e Judy Barratt
Editor de arte: Daniel Sturges
Fotógrafo: William Lingwood
Estilista culinária: Joss Herd
Produtora: Helen Trent

Consulte um médico antes de submeter seu filho a qualquer tratamento mencionado neste livro.

Dados Internacionais de Catalogação na Publicação (CIP)
(Câmara Brasileira do Livro, SP, Brasil)

Watts, Charlotte
100 receitas para crianças felizes : mantenha seu filho concentrado, ativo e cheio de energia com uma alimentação saudável / Charlotte Watts e Gemini Adams ; [tradução Rose Peinado]. -- São Paulo : Publifolha, 2007.

Título original: The top 100 recipes for happy kids.
ISBN 978-85-7402-809-5

1. Crianças - Nutrição 2. Culinária 3. Saúde - Promoção
I. Adams, Gemini. II. Título.

07-4769 CDD-641.5123

Índices para catálogo sistemático:
1. Crianças : Alimentação : Receitas : Culinária 641.5123
2. Receitas : Crianças : Alimentação : Culinária 641.5123

PUBLIFOLHA
Divisão de Publicações do Grupo Folha

Al. Barão de Limeira, 401, 6º andar
CEP 01202-900, São Paulo, SP
Tel.: (11) 3224-2186/2187/2197
www.publifolha.com.br

SUMÁRIO

SÍMBOLOS

Indicado para vegetarianos: as receitas que apresentam este símbolo não contêm ingredientes provenientes de animais. As receitas vegetarianas podem ser uma boa opção para crianças com processos inflamatórios como asma, eczema ou acne, assim como problemas digestivos.

Sem leite e/ou derivados do leite: o leite de vaca pode causar obstrução nasal, sinusite, catarro e infecções na garganta e no ouvido. Pode também desencadear asma, eczema e acne. Experimente substitutos como leite de soja, arroz, amêndoa, aveia ou iogurte de soja.

Sem trigo: o trigo é utilizado para encorpar preparações, mas pode ser de difícil digestão. Substitua-o por farinha de milho, trigo-sarraceno, arroz, tapioca e centeio. Pães, tortas e massa de pizza sem trigo podem ser encontradas em lojas de produtos naturais.

Contém ovos: se seu filho possui intolerância a ovos, é importante que ele consuma comida caseira, pois os ovos são muito usados na indústria alimentícia como agente espessante. Seus substitutos são feitos de araruta e ágar-ágar. Podem-se usar ainda sementes de linhaça moídas.

Sem glúten: o glúten é a substância que dá liga aos pães, bolos, massas e tortas e é encontrado no trigo, no centeio, na cevada e na aveia. Crianças que apresentam intolerância ao glúten podem apresentar inflamações, depressão e problemas digestivos. Os grãos que não possuem glúten são o trigo-sarraceno, o painço (millet) e o milho.

Contém castanhas e/ou amendoim: muitas crianças são alérgicas às oleaginosas (amendoim, castanhas-do-pará, castanhas-de-caju, nozes etc.), portanto elas foram evitadas em muitas preparações. Nunca ofereça sementes ou frutas oleaginosas para crianças menores de 5 anos, pois podem se engasgar.

INTRODUÇÃO

A felicidade dos filhos é o que há de mais importante para os pais. Cada vez mais as pessoas reconhecem que a dieta é essencial para que esse objetivo seja alcançado, uma vez que desempenha papel fundamental na saúde física e, por extensão, na saúde mental e psicológica. Uma das melhores maneiras de ajudar seu filho a ser feliz é escolher e preparar alimentos nutritivos e de boa qualidade.

Nos últimos anos a comunidade científica e de nutricionistas têm pesquisado intensamente a relação entre os alimentos e seus efeitos na saúde e no desenvolvimento infantil. Sabe-se que níveis bem equilibrados de açúcar no sangue ajudam a manter o humor estável e que um sistema digestivo saudável pode aliviar gases e inchaço. Também está bem documentado que a falta de nutrientes essenciais pode prejudicar a função imunitária. Uma criança malnutrida tem maior tendência a adoecer e é também menos inclinada a participar da vida escolar e a se socializar com amigos – fatores fundamentais para seu desenvolvimento e felicidade.

Sentir-se bem-sucedida e incentivada por seus progressos, tanto no desenvolvimento geral na primeira infância quanto no sucesso escolar da segunda infância, é um fator de grande impacto na confiança e auto-estima da criança – e na satisfação que sente em relação a si própria. Novas evidências mostram claramente a ligação entre a nutrição e o desempenho na escola. A American School Food Service Association descobriu que crianças no segundo e terceiro anos escolares (entre 8 e 9 anos) que receberam uma dieta mais pobre em proteínas obtiveram notas mais baixas. Além disso, estudos demonstram que o aumento no consumo de vitaminas B, C, zinco, ferro e magnésio altera positivamente a função cerebral e o desenvolvimento infantil.

RÓTULOS DOS ALIMENTOS

Os fabricantes de alimentos são obrigados a citar todos os ingredientes contidos em seus produtos. Os mais conscientes especificam também se há ingredientes aos quais comumente as pessoas são intolerantes. Muitas lojas de alimentos naturais possuem seções específicas de produtos sem glúten e sem leite e/ou derivados. Peça ajuda aos funcionários da loja e leia os rótulos com atenção para que possa identificar as marcas e produtos que tendem a incluir ingredientes aos quais seu filho é intolerante.

Neste livro apresentamos alimentos e receitas que visam a deixar as crianças entre 4 e 12 anos mais felizes. Uma revisão da dieta do seu filho pode parecer difícil, a princípio, especialmente se você está acostumado a comprar comida pronta, mas nós criamos as 100 receitas deste livro tendo em vista a simplicidade e a rapidez, para que a transição para uma dieta saudável incluindo toda a família seja fácil e divertida.

Reconheça os alimentos certos

Para que a dieta torne seu filho mais feliz, defendemos a utilização de alimentos naturais e integrais, incorporando a maior quantidade possível de ingredientes frescos. Em todas as receitas explicamos de que maneira cada ingrediente contribui para suprir as necessidades nutricionais da criança e sugerimos maneiras de combinar alimentos para obter maior equilíbrio e variedade. Cada receita também possui símbolos para orientá-lo em caso de necessidades dietéticas especiais (ver p. 6).

Regras gerais (caso não haja especificação na receita):

- utilize ovos médios
- use ervas frescas
- lave todas as frutas e vegetais antes do preparo
- prefira ingredientes orgânicos, especialmente as carnes, para que seu filho seja menos exposto a hormônios e antibióticos

BOA NUTRIÇÃO = CRIANÇA FELIZ

É fácil manter uma dieta de qualidade se utilizarmos produtos que não sejam refinados e processados, mas frescos, naturais e de preferência orgânicos. Com freqüência, os alimentos processados possuem conservantes e corantes, muitos dos quais podem ser prejudiciais ao organismo infantil, que ainda está em desenvolvimento. Sabemos como é difícil evitar completamente esses produtos, portanto sugerimos uma proporção de 80% de alimentos integrais, naturais e orgânicos e 20% de alimentos processados. Seguindo este conselho você vai:

- equilibrar o nível de açúcar do sangue
- estimular o desenvolvimento
- melhorar a digestão
- fortalecer o sistema imunológico

Equilibre o índice de açúcar

A obtenção de um bom nível de açúcar no sangue é fundamental para a felicidade do seu filho. O açúcar fornece a energia necessária para todas as funções do corpo, sendo essencial para a concentração e a disposição. A fim de manter o bom funcionamento do organismo, seu filho necessita regularmente de açúcar proveniente de fontes adequadas. O organismo transforma o açúcar dos carboidratos, ou hidratos de carbono, que ingerimos em glicose. As melhores formas desse açúcar são provenientes das frutas, vegetais, cereais integrais, oleaginosas, sementes e leguminosas.

Apesar de muitos alimentos processados ingeridos pelas crianças serem bastante doces, o açúcar que esses alimentos contêm fornece calorias "vazias", que causam um rápido aumento de energia com pouco ou nenhum valor nutricional. Entre os piores alimentos dessa categoria estão os doces, bolos, chocolates, cereais processados (incluindo pão branco), bebidas gaseificadas e outras bebidas doces. Como esses alimentos requerem um mínimo de quebras pelo organismo, eles não constituem uma fonte sustentável de energia.

Mas como isso influencia a felicidade da criança? Os alimentos doces e processados levam a um aumento rápido de energia, o que é invariavelmente seguido por uma queda da disposição, e o humor da criança acompanha esses altos e baixos de energia. A criança com níveis flutuantes de açúcar no sangue têm alterações de humor, irritabilidade, hiperatividade, falta de disposição, dores de cabeça, baixa concentração e tontura. Muitos especialistas acreditam que o aumento da obesidade e certas condições como o transtorno do déficit de atenção e hiperatividade (ADHD) em crianças podem se originar do desequilíbrio do nível de açúcar.

As crianças com taxas equilibradas e constantes de açúcar apresentam melhora de humor, sono, digestão e boa resposta ao estresse, além de pele mais saudável e maior facilidade de controle de peso.

Uma das melhores maneiras de conseguir esse equilíbrio é oferecendo um café-da-manhã saudável e balanceado – uma refeição propriamente dita, no lugar de um lanche rápido, comido às pressas, a caminho da escola. Quando a criança acorda, ela está sem comer há várias horas e necessita de algo substancioso para aumentar de maneira gradativa sua taxa de açúcar, a fim de que tenha energia e nutrientes para enfrentar o dia.

Estudos demonstram que crianças que tomam um bom café-da-manhã e um lanche saudável no meio da manhã apresentam menor tendência de comer gorduras saturadas e calorias "vazias" durante o dia.

O consumo de proteínas derivadas de ovos, oleaginosas, sementes, leite, iogurte e cereais integrais é muito importante no café-da-manhã porque propicia todas as reações químicas de que o organismo necessita para funcionar durante o dia e consequentemente diminuir a liberação de açúcares.

Após o café-da-manhã, siga estas orientações para obter um bom equilíbrio do índice de açúcar ao longo do dia:

- Dê a seu filho muitos vegetais, frutas, oleaginosas, sementes, leguminosas e cereais integrais como aveia, trigo e arroz integral. Um prato de arroz integral com feijão é o ideal.
- Substitua pão, macarrão e arroz brancos por integrais, que mantêm as fibras intactas, o que faz com que a liberação de açúcar na corrente sanguínea seja mais lenta.
- Não ofereça doces, chocolate, bolo e biscoitos no lanche; reserve-os para ocasiões especiais. Substitua-os por frutas frescas, barrinhas de cereais, frutas secas e sementes, que ajudam a manter um nível energético sem altos e baixos.
- Reduza a quantidade de bebidas doces e refrigerantes. Não se engane com os anúncios dos fabricantes, verifique sempre a quantidade de açúcar especificada nos rótulos e dê preferência a sucos de fruta e refrescos feitos em casa, como suco de laranja e limonada, e água.
- Ofereça sobremesas sem açúcar e frutas que liberam açúcar lentamente, como pêssego, framboesa, amora, ameixa, morango, damasco (fresco e seco), figo, cereja, laranja, melão e melancia.

Estimule o desenvolvimento cerebral

O cérebro infantil necessita de uma fonte constante de nutrientes, especialmente nos 16 primeiros anos de vida, quando ele cresce continuamente. Assim como o estudo da American School Food Service Association (ver p. 8), diversas outras pesquisas mostram a ligação benéfica entre a nutrição e o desenvolvimento mental infantil. Em uma delas, um suplemento multivitamínico e multimineral oferecido para estudantes americanos entre 6 e 12 anos levou a um aumento pronunciado do índice de inteligência (QI) e do desempenho escolar. Estudos também demonstram que crianças com anemia (índices baixos de ferro no sangue) apresentam notas menores, indicando que o ferro é um dos nutrientes mais importantes para a constituição do cérebro.

Então, para estimular um desenvolvimento mental saudável nas crianças:

- Não tenha medo de oferecer um suplemento infantil multivitamínico e multimineral.
- Aumente o consumo de alimentos ricos em ferro, como feijão, brócolis, cereais integrais e carne vermelha.
- Assegure-se de que seu filho ingira uma boa variedade de fontes de proteínas, como as do peixe, frango, peru, banana, abacate, iogurte, amendoim, castanhas-do-pará e de caju, sementes de abóbora, queijo branco e biscoitos salgados de grão integral.
- Ofereça peixes gordurosos (tainha, anchova, sardinha, salmão) duas ou três vezes por semana, que contêm ômega-3, ácido graxo essencial e determinante para o desenvolvimento do cérebro.

Melhore a digestão

Estimular o funcionamento do sistema digestivo é o próximo passo para criar um filho feliz. Como tudo o que é relacionado ao crescimento e ao desenvolvimento, o trato digestivo também necessita ser bem cuidado para não apresentar problemas. A escolha de alimentos que não irritem o estômago e o intestino, e contenham nutrientes que o estômago absorva facilmente, pode reduzir bastante a incidência de dores de barriga entre as crianças.

Uma digestão saudável também é essencial para a eliminação completa das toxinas do organismo, cujo acúmulo pode causar problemas digestivos e fazer com que elas circulem pelo corpo, sobrecarregando o sistema imunológico. Problemas digestivos como constipação, diarréia, gases, inchaço e dor de estômago podem ser uma conseqüência direta das toxinas. Esses sintomas são comuns em crianças que ingerem em demasia alimentos processados, que possuem aditivos químicos.

Alimentos processados também tendem a possuir um alto teor de açúcar não-benéfico, que alimenta as bactérias prejudiciais presentes no intestino. Essas hóspedes indesejadas expulsam as bactérias benéficas, conhecidas como probióticas – que devem representar 80% da flora intestinal.

As bactérias probióticas são fundamentais por várias razões, uma delas é que são nossa primeira linha de defesa imunitária. Elas são mortas não só pelo açúcar, mas também pelos antibióticos, estimulantes e estresse. Crianças com eczema, acne, transtorno de déficit de atenção e hiperatividade, autismo, psoríase, problemas de ouvido, nariz e garganta e distúrbios digestivos apresentam níveis baixos dessas bactérias benéficas. Para alimentar e aumentar as probióticas e o bom estado do trato intestinal, recomendamos o seguinte:

- Aumente o consumo de fibras de seu filho. Uma dieta com alimentos não processados nem refinados, rica em frutas e vegetais, oleaginosas, cereais, leguminosas e sementes, ajuda na obtenção de uma boa quantidade de fibras.
- Ofereça iogurte com lactobacilos vivos sempre que possível.
- Sirva nas refeições peixes gordurosos como anchova, tainha, sardinha, atum e salmão duas ou três vezes por semana. Os ácidos graxos ômega-3 e ômega-6 contidos neles são importantes para o aparelho digestivo.
- Assegure-se de que seu filho tome de 600 ml a 1,75 litro de líquido por dia, na forma de água e sucos de frutas frescos. Uma boa formação do bolo fecal e a produção dos sucos gástricos dependem de uma grande ingestão de água.

GUIA DE ANTIOXIDANTES

Esta tabela lista os antioxidantes principais, seus benefícios para a saúde e os alimentos em que estão presentes

Antioxidante	Ação	Fontes alimentares
Bioflavonóides	Provenientes das plantas, ajudam outros antioxidantes, como a vitamina C, a trabalhar, além de ativar a circulação	Frutas e vegetais verdes, amarelos, vermelhos, alaranjados, roxos e azuis – especialmente morango, framboesa, amora, blueberries, brócolis, alho, gengibre, abacaxi e pimentão vermelho
Selênio	Auxilia o organismo a produzir mais de suas próprias enzimas antioxidantes; aumenta a imunidade ao ajudar o corpo a produzir anticorpos	Oleaginosas e sementes, especialmente castanha-do-pará orgânica (a quantidade de selênio depende do solo, por isso o cultivo orgânico é melhor)
Vitamina A (animal) e betacaroteno (vegetal)	Lipossolúveis, são transportados pelos lipídios e agem nas áreas gordurosas do organismo, como olhos, coração, pele e fígado; muito importantes para pele e intestino	Fontes animais: laticínios, ovos, óleo de peixe, fígado Fontes vegetais: folhas verde-escuras, frutas e vegetais amarelos e alaranjados
Vitamina C	Possui ação preventiva contra vários distúrbios, auxilia o organismo no combate às infecções e contribui na eliminação de toxinas pelo fígado associadas a doenças	Maçã, brócolis, couve-de-bruxelas, cassis, couve-flor, frutas cítricas, kiwi, papaia, pimentões vermelho e verde, morango, tomate, agrião
Vitamina E	Lipossolúvel, sua ação antioxidante previne danos a áreas gordurosas como o cérebro, fígado, rins e coração; importante na produção de hormônios	Abacate, folhas verdes, oleaginosas, peixes gordurosos (salmão, atum, sardinha, arenque, cavala), azeitonas, cereais integrais, óleo vegetal
Zinco	Um antioxidante vital para o crescimento e o sistema imunológico, que atua no processo de autocura	Verduras, raízes, carnes, oleaginosas, sementes, gema de ovo, cereais integrais, feijão e lentilha

- Incentive a prática de esportes, que é essencial para todas as funções do organismo, em particular da digestiva, que necessita de um bom tônus muscular para que tenha um desempenho ideal.

Fortaleça a imunidade

O organismo infantil é bombardeado constantemente por novas bactérias e vírus. Esse ataque é vital para o "aprimoramento" do sistema imunológico, auxiliando a criança a desenvolver uma "memória imunológica" – de modo que, no futuro, ela possa se defender contra os mesmos invasores. Um sistema imunológico fortalecido aumenta a felicidade porque a criança se sente bem, ao mesmo tempo que auxilia o organismo a lidar com a vasta variedade de toxinas do meio ambiente, incluindo poluição e aditivos alimentares.

Uma das maneiras mais importantes de ajudar o sistema imunológico infantil é assegurar-se de que elas consumam a quantidade ideal de antioxidantes. Essas substâncias químicas neutralizam os radicais livres, que danificam células e tecidos do organismo, causando doenças e prejudicando o sistema imunológico e outras funções do corpo. Estamos expostos a radicais livres provenientes do sol, dos poluentes, das viagens de avião, das frituras, das comidas queimadas e da radiação de televisões, computadores, celulares e outros aparelhos. Hoje, a necessidade da criança de antioxidantes é maior do que nunca.

Os antioxidantes mais importantes estão na tabela da página ao lado, junto com algumas de suas ações no organismo. Inclua o maior número possível de alimentos que os contenham na dieta do seu filho. As tabelas das páginas seguintes são um guia geral de macronutrientes e micronutrientes contidos nos alimentos e que contribuem para a saúde.

GUIA DE MACRONUTRIENTES

Essenciais para a produção de energia, os macronutrientes são os nossos alicerces nutricionais

Nutriente	Ação	Fontes alimentares	Freqüência
Proteínas	• Constituídas de aminoácidos que auxiliam no crescimento e renovação dos ossos, dentes e pele, produzem anticorpos para o sistema imunológico • Produzem vários hormônios	• Leite, ovos, peixe e frango sem pele • Feijão, lentilha, ervilha, grão-de-bico, legumes e sementes	• Uma porção pequena em cada refeição
Carboidratos	• São convertidos pelo organismo em glicose para obter energia	• Vegetais, frutas, leguminosas, castanhas, sementes e cereais	• 4 a 9 porções por dia (1 porção = tamanho da palma da mão)
Ácidos graxos essenciais (AGEs) e gorduras mono-insaturadas	• AGEs: produção hormonal, digestão, pele e imunidade • Gorduras monoinsaturadas: prevenção de doenças, proteção dos tecidos do organismo	• AGEs: ômega-3: peixes gordurosos; ômega-6: oleaginosas, vegetais • Gorduras monoinsaturadas: azeitonas, abacate, oleaginosas	• Ômega-3: 2 a 3 vezes por semana • Ômega-6: diariamente • Gorduras monosaturadas: algumas vezes por semana
Gorduras saturadas	• O consumo excessivo pode causar problemas de digestão e circulação, mas elas são vitais para a comunicação entre as células, ajudando a criança nas atividades motoras e mentais	• Produtos de origem animal e laticínios	• De maneira geral, consumir carne e laticínios várias vezes por semana
Gorduras trans e gorduras hidrogenadas	• As gorduras trans e hidrogenadas em geral são processadas industrialmente e podem danificar a estrutura das células	• *Junk food*, especialmente salgadinhos, batatas fritas e bolachas recheadas	• Evite o máximo possível

GUIA DE MICRONUTRIENTES

Trazidos ao organismo pelos macronutrientes, contribuem para as funções essenciais do corpo

Nutriente	Ação	Fontes alimentares	Freqüência
Vitaminas A, D e E (lipossolúveis)	• As vitaminas A e E contribuem para o crescimento e a saúde de todos os tecidos do corpo • A vitamina D contribui para a saúde dos ossos e um humor estável	• Vitaminas A e E: alimentos com óleos e lipídios, cereais integrais • Vitamina D: manteiga, carne, peixe; sintetizada na exposição ao sol	• Diariamente
Vitaminas do complexo B	• Liberam a energia dos alimentos que consumimos; necessárias para a digestão, para uma pele saudável e para os processos mentais	• Alimentos integrais, como vegetais, oleaginosas, leguminosas, cereais integrais, sementes e peixe	• Uma porção diária de no mínimo um desses alimentos
Vitamina C	• Auxilia na obtenção de uma pele saudável, no bom funcionamento do trato digestivo e na prevenção de doenças como infecções, constipação, gengivite e asma	• Todas as frutas, legumes e verduras	• Diariamente
Minerais (cálcio, ferro, magnésio e zinco, em especial)	• Responsáveis pela ação do cérebro e do sistema nervoso e pela formação de ossos e dentes • O cálcio e o magnésio acalmam o sistema nervoso, proporcionando bem-estar, auxiliando o crescimento e o processo digestivo • O ferro ajuda a aumentar o nível de energia • O zinco é importante para o crescimento e desenvolvimento	• Cálcio: leite, queijo, peixe, cereais integrais, verduras e castanhas • Magnésio: peixe, verduras, castanhas e cereais integrais • Ferro: hortaliças de folhas verdes, carne vermelha • Zinco: peixe, oleaginosas e sementes	• Diariamente

ALIMENTOS DO HUMOR

Assim como o equilíbrio do açúcar no sangue e do sistema digestório influenciam a felicidade do seu filho – ao melhorar seu bem-estar e seu estado de saúde geral –, alimentos que agem especificamente no humor têm um impacto direto em sua auto-confiança.

Alguns alimentos possuem aminoácidos que o organismo pode converter em dopamina e serotonina – neurotransmissores que fazem com que nos sintamos bem –, além de fornecer as vitaminas e minerais de que o corpo necessita para fazer essa conversão.

Os dois aminoácidos que mais afetam o humor são a tirosina, que o organismo utiliza para fabricar dopamina, e o triptofano, utilizado na produção de serotonina. Níveis elevados de dopamina deixam seu filho de bom humor, alerta e energizado durante o dia. Carne magra, peixe, ovos, frutos-do-mar e lentilha são alimentos ricos em tirosina.

O mamão papaia, rico na enzima papaína (uma enzima que "digere" as proteínas), também contém tirosina, constituindo um lanche ideal para seu filho.

A serotonina, além de gerar uma sensação de bem-estar, também é conhecida por sua ação analgésica e soporífica, proporcionando o relaxamento ideal para o fim do dia. No jantar, ofereça alimentos ricos em triptofanos como queijo cottage, carneiro, atum e aves (ver tabela na p. 19). Para facilitar a passagem do triptofano pelo cérebro e maximizar a produção de serotonina, sirva esses alimentos com outros que sejam ricos em carboidratos complexos como arroz integral ou uma batata assada pequena.

COMER É DIVERTIDO

A família toda pode apreciar as receitas deste livro. Nós sugerimos que você as prepare para todos, tanto adultos quanto crianças. Sentar-se à mesa com a família durante as refeições é vital para o relacionamento da criança com a comida.

OS PRINCIPAIS ALIMENTOS DO BOM HUMOR

Alimento	Ingrediente ativo	Freqüência
Aspargo, ervilhas e espinafre	• Nutrientes que melhoram o humor, como vitaminas do complexo B, magnésio e cálcio	• Um ou mais a cada 1 ou 2 dias
Feijão-preto, sementes de girassol e agrião	• Fenilalanina, que aumenta a produção de endorfinas	• Sempre que possível
Queijo cottage, peixe, lentilha, amendoim, sementes de abóbora e gergelim	• Triptofano, que o organismo utiliza para fabricar serotonina, e proteína para um bom equilíbrio de açúcar no sangue	• Sempre que possível
Folhas verdes (repolho, agrião, espinafre, rúcula, couve)	• Cálcio e magnésio, que acalmam o sistema nervoso e digestório	• Diariamente
Melado	• Contém substâncias importantes para o cérebro	• Semanalmente (utilize no lugar do açúcar branco refinado)
Oleaginosas, sementes e seus óleos, ou suplementos desses óleos	• Antioxidantes lipossolúveis que protegem o cérebro contra os radicais livres; as amêndoas diminuem a vontade de comer doce; as nozes contêm um antidepressivo	• Diariamente (somente as cruas e sem sal)
Peixes gordurosos como salmão, truta, sardinha e anchova	• Uridina, composto que reduz os sintomas de depressão • Ômega-3, ácido graxo necessário ao funcionamento cerebral	• 2 a 3 vezes por semana

Mesmo que seja apenas você e seu filho, comer a mesma comida juntos pode estimular seu filho a ter mente aberta em relação aos alimentos. Ele aprenderá a apreciar comidas saudáveis – gosto que, esperamos, se prolongará pela sua vida – e se sentirá estimulado a experimentar novos alimentos. Para tornar as refeições divertidas:

- Faça jogos sobre os alimentos – como adivinhar de que lugar do mundo eles vêm, como são cultivados etc.
- Estimule seu filho a cultivar seu próprio alimento, nem que seja um vasinho de ervas na janela. Isso aumenta o conhecimento da criança a respeito de onde os alimentos vêm e sobre a relação entre a natureza e a alimentação. Ao cultivar um alimento, a criança se sentirá motivada a consumi-lo; afinal, é uma grande realização plantar, colher e saborear.
- Peça ajuda a seu filho no preparo das refeições; estimule-o a conhecer sabores e temperos participando do ato de cozinhar.

Introduzir novos alimentos

O desenvolvimento infantil passa por diversos estágios, desde falar e andar até aprender a apreciar novos alimentos e estar preparado para novas experiências. Aqui estão algumas idéias para facilitar a introdução de alimentos:

- Ofereça os alimentos novos colocando-os na lateral do prato sem grande alarde e sem insistir para que a criança os coma. Mesmo que nas primeiras vezes ela não queira, após vê-los várias vezes pode ser que decida experimentar.
- Misture alimentos novos aos preferidos: experimente acrescentar um legume novo à pizza, à sopa, ao refogado ou simplesmente esconda-os no meio da panqueca, amassados com outros alimentos.
- Coma-o várias vezes na frente de seu filho antes de oferecer – pode até ser que ele próprio peça para experimentar.

Torne as compras divertidas

Assim como o cultivo e a preparação dos alimentos, a opinião da criança sobre o que será comprado aumenta seu interesse e conhecimento alimentar.

Para tornar as idas ao supermercado uma experiência agradável:

- A melhor hora é após o café-da-manhã ou o almoço, quando todos acabaram de comer. A fome leva a escolhas apressadas, ânimos exaltados e torna as guloseimas mais tentadoras.
- Memorize a disposição das prateleiras, evitando áreas "problemáticas", como as de biscoitos.
- Deixe que as crianças explorem os alimentos e que cada uma compre um item saudável que nunca tenha experimentado.

Finalmente, se a dieta do seu filho for saudável 80% do tempo, então seu organismo pode tolerar 20% de "porcarias". Isso significa que não é preciso proibir doces ou salgadinhos, assim ninguém se sente privado de nada e o resultado é uma família saudável e feliz.

CAFÉ-DA-MANHÃ

A primeira refeição é a mais importante do dia – crianças que tomam um bom café-da-manhã ficarão mais felizes durante o dia todo. Se o nível de açúcar no sangue é estável, o humor, a disposição e o bem-estar também serão. Todas as receitas para o café-da-manhã contêm boas fontes de fibras e proteínas para controlar a taxa de açúcar e evitar que as crianças tenham muita fome durante o dia, o que faz com que sua energia diminua. Tanto se você escolher algo para ingerir mais rapidamente, como o suco rejuvenescedor, quanto se preferir uma refeição mais substanciosa, como as torradas mediterrâneas, essas deliciosas receitas assegurarão um início de dia mais saudável e feliz.

RENDIMENTO 2 PORÇÕES

TEMPO DE PREPARO
5 minutos

CONSERVAÇÃO
Refrigere por 1 dia, no máximo. Misture e sirva.

EXPERIMENTE...
acrescentar 1 colher (chá) de gengibre fresco ralado – ótimo para evitar e tratar resfriados.

RICO EM...
potássio e vitaminas A e C.

PROPRIEDADES
O salsão é rico em potássio, o que auxilia no equilíbrio dos fluidos do organismo, reduzindo inchaços e protegendo o coração do seu filho.

suco rejuvenescedor

Esta é uma ótima alternativa para os sucos de caixinha, que muitas vezes são acrescidos de açúcar e com freqüência feitos a partir de concentrados, diminuindo seu valor nutricional. Este suco é rico em vitaminas A e C, de que a criança necessita para seu sistema imunológico, e potássio, para a função nervosa.

4 cenouras
1 limão
4 laranjas
3 maçãs
4 talos de salsão sem as folhas
2 talos de salsão com as folhas

1 Descasque as cenouras, o limão e as laranjas. Esprema o suco do limão.

2 Corte as maçãs ao meio e retire as sementes, deixando a casca.

3 Passe as cenouras, as frutas e o salsão (sem as folhas) pela centrífuga – ou bata no liquidificador e peneire –, despejando o suco obtido em uma jarra. Junte o suco de limão e misture bem. Sirva em copos com canudos e decore com os talos de salsão com as folhas.

pão integral com pasta de amêndoa

As amêndoas são verdadeiros "superalimentos" – uma fonte de nutrientes, como a gordura ômega-6 e o zinco. A pasta de amêndoa é uma alternativa à pasta de amendoim. É fácil de fazer e pode ser saboreada no café-da-manhã e no lanche, ou utilizada como cobertura de sobremesas.

175 g/1 xícara de amêndoas inteiras torradas
2 colheres (sopa) de azeite de oliva
55 g/⅓ xícara de amêndoas torradas e picadas
2 fatias de pão integral com sementes

1 Moa bem as amêndoas inteiras, se possível com um processador. Junte o azeite e misture até obter uma massa homogênea.

2 Transfira para uma tigela pequena e junte as amêndoas picadas.

3 Espalhe a mistura nas fatias de pão.

RENDIMENTO 2 PORÇÕES

TEMPO DE PREPARO
5 minutos

CONSERVAÇÃO
Leve à geladeira por no máximo 1 mês em um pote hermeticamente fechado.

EXPERIMENTE...
servir com fatias de maçã, num lanche saboroso e protéico.

RICO EM...
magnésio, ômega-6, vitaminas do complexo B e zinco.

PROPRIEDADES
As amêndoas têm gosto naturalmente adocicado, o que diminui a vontade de comer guloseimas e chocolates.

3

RENDIMENTO 2 PORÇÕES

TEMPO DE PREPARO
5 minutos

CONSERVAÇÃO
No máximo 1 mês em um pote hermeticamente fechado.

EXPERIMENTE...
com iogurte natural, como cobertura de sobremesas à base de frutas ou com leite de coco.

RICO EM...
ferro, magnésio, ômega-3, ômega-6, vitaminas do complexo B e zinco.

PROPRIEDADES
As sementes de abóbora possuem propriedades antiinflamatórias e previnem certas afecções infantis, como eczema, asma e acne.

müsli matinal

Esta receita é muito simples de preparar e muito mais saudável do que o müsli comprado pronto. É ideal não somente para o café-da-manhã, mas também como lanche e é suficientemente doce para atrair as crianças. Elas podem se envolver no preparo e escolher seus próprios ingredientes, que são secos e não deixarão a cozinha toda grudenta!

55 g/⅓ de xícara de damascos secos
55 g/⅓ de xícara de ameixas secas
55 g/⅓ de xícara de avelãs
25 g/⅓ de xícara de sementes de abóbora
115 g/1 xícara de granola
115 g/1 xícara de aveia em flocos

1 Pique os damascos, as ameixas e as avelãs em pedaços generosos.

2 Coloque-os em uma tigela e junte os ingredientes restantes.

3 Misture bem e sirva com leite.

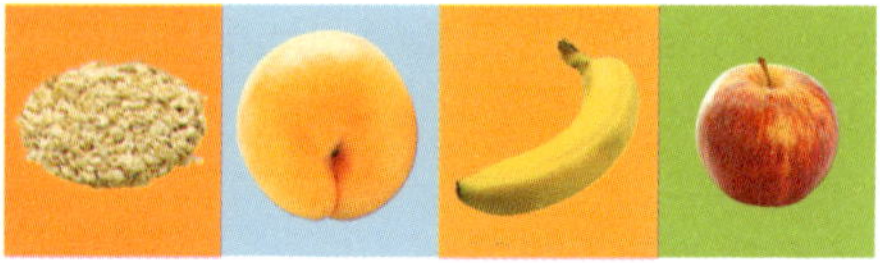

super smoothie de frutas

Os smoothies são uma ótima maneira de começar o dia – em breve as crianças irão pedir todas as manhãs! Esta receita é rica em proteínas, vitaminas e ácidos graxos essenciais, e tem um delicioso gostinho de frutas. Incluímos óleo de linhaça, um dos melhores óleos essenciais, como suplemento para aumentar o funcionamento cerebral e a produção de novas células, e cujo gosto passa despercebido quando misturado às frutas.

1 maçã sem sementes e picada
225 g/1½ xícara de frutas variadas congeladas (corte as frutas em pedaços e leve-as ao freezer até ficarem firmes, ou compre-as já em pedaços)
1 banana em pedaços
1 abacate cortado em pedaços
2 colheres (sopa) de óleo de linhaça
375 ml/1 ½ xícara de suco de maçã
2 colheres (sopa) de amêndoa moída
suco de ½ limão
2 gomos de limão para decorar

1 Coloque a maçã no liquidificador, junte os ingredientes restantes (menos os gomos de limão) e bata até obter uma mistura homogênea.
2 Divida em 2 copos.
3 Decore com os gomos de limão.

RENDIMENTO 2 PORÇÕES

TEMPO DE PREPARO
10 minutos

CONSERVAÇÃO
Pode ser guardado na geladeira por até 12 horas.

EXPERIMENTE...
preparar com frutas como melancia, melão, kiwi, figo e pêssego, ou ainda nectarinas e morangos.

RICO EM...
gorduras ômega-3 e ômega-6, potássio e vitaminas C e E.

PROPRIEDADES
O abacate contém luteína e caroteno, nutrientes vegetais que contribuem para a visão.

5

muffins de maçã e amoras

RICAS EM...
antocianidina, fibra e vitamina C.

PROPRIEDADES
As frutas vermelhas como a amora são ricas em antocianidina, uma substância química natural que confere à fruta sua cor intensa. Estudos demonstram que ela melhora a atividade cerebral, incluindo a memória.

As amoras contidas nestes muffins possuem uma boa dose de antocianidina, o pigmento azul-avermelhado que aumenta a circulação sanguínea do cérebro, contribuindo para uma boa memória, acuidade mental e capacidade de aprendizado.

As frutas vermelhas, como amoras e morangos, são bem cotadas na comunidade científica por serem a melhor proteção antioxidante (ver p. 15) para o cérebro em desenvolvimento das crianças.

115 g de manteiga
55 g/¼ de xícara de açúcar mascavo
2 ovos
½ colher (chá) de canela em pó
2 colheres (sopa) de geléia de laranja
casca ralada de 1 laranja
115 g/1 xícara de farinha de trigo com fermento
115 g/1 xícara de aveia em flocos
1 maçã sem sementes e ralada com a casca
115 g/1 xícara de amoras

1 Preaqueça o forno a 200°C. Bata a manteiga com o açúcar e acrescente os ovos, a canela, a geléia e a casca de laranja aos poucos, mexendo sempre.

2 Junte a farinha e a aveia, batendo até a massa ficar uniforme. Acrescente a maçã e as amoras e misture delicadamente.

3 Coloque colheradas da massa em forminhas de empadinha, cobrindo pouco mais da metade. Asse por 20 a 30 minutos até que estejam dourados.

4 Retire e deixe esfriar.

RENDIMENTO 12 MUFFINS

TEMPO DE PREPARO + COZIMENTO
10 + 30 minutos

CONSERVAÇÃO
Pode ser guardado por até 1 semana em um pote hermeticamente fechado.

EXPERIMENTE...
substituir as amoras por banana.

Se seu filho for alérgico a trigo, prepare a receita utilizando uma farinha sem glúten.

9

RENDIMENTO 2 PORÇÕES

TEMPO DE PREPARO
20 minutos

CONSERVAÇÃO
Pode ser refrigerada por 24 horas e aquecida no microondas na hora de servir.

EXPERIMENTE...
servir com banana picada ou morangos.

RICO EM...
cálcio, proteína e vitaminas do complexo B.

PROPRIEDADES
A canela tem propriedades que agem como a insulina no organismo, ajudando a equilibrar o açúcar no sangue das crianças.

quinua doce

A quinua possui um sabor amendoado e uma textura que as crianças amam. Ela é uma proteína completa, pois contém todos os aminoácidos necessários para a saúde do corpo e do cérebro. Suas excelentes propriedades nutricionais são provavelmente a razão dos incas peruanos a chamarem de "grão de ouro". Hoje em dia, à medida que seu valor nutricional se torna mais evidente, a quinua vem se consolidando como uma alternativa à aveia.

375 ml/1½ xícara de água
115 g/1 xícara de quinua
125 ml/½ xícara de leite
1 colher (chá) de canela em pó

1 Coloque a água em uma panela pequena, junte a quinua e ferva por 15 min em fogo baixo, mexendo de vez em quando.
2 Quando a mistura tiver engrossado, junte o leite e mexa, ainda em fogo baixo, por mais 2 minutos.
3 Retire do fogo, junte a canela, misture e despeje em tigelinhas. Acrescente mais leite para esfriar, ou açúcar mascavo para adoçar, se for absolutamente necessário.

espetinhos com ovos

Ricos em proteínas (ver ao lado), os ovos são ótima fonte de combustível para o dia que começa, fornecendo uma combinação de vitaminas do complexo B e minerais, o que os torna um alimento quase perfeito. Um ovo sacia a criança, deixando-a com energia por toda a manhã.

16 tomates-cereja
16 cogumelos frescos
4 ovos
25 g/⅓ de xícara de salsinha picada

1 Intercale 4 tomates-cereja e 4 cogumelos em cada espetinho de churrasco.

2 Coloque em uma fôrma e leve ao forno por cerca de 10 minutos, até dourar ligeiramente.

3 Quebre os ovos em uma frigideira funda com água fervente e cozinhe por cerca de 4 a 6 minutos, até que estejam bem cozidos. Disponha os espetinhos em pratos, coloque os ovos ao lado e decore com a salsinha picada.

RENDIMENTO 2 PORÇÕES

TEMPO DE PREPARO + COZIMENTO
5 + 10 minutos

CONSERVAÇÃO
Sirva imediatamente.

EXPERIMENTE...
como acompanhamento do Assado de Feijões (ver p. 51).

RICO EM...
licopeno, manganês, proteína, selênio, vitaminas do complexo B e zinco.

PROPRIEDADES
Os ovos são uma excelente fonte de triptofano, do qual necessitamos para fabricar a serotonina, que faz com que nos sintamos bem dispostos.

iogurte de damasco e ameixa

RENDIMENTO 2 PORÇÕES

TEMPO DE PREPARO
5 minutos

CONSERVAÇÃO
Mantenha na geladeira por até 2 dias.

EXPERIMENTE...
servir com frutas frescas, como banana e morango.

RICO EM...
antioxidantes, bactérias benéficas, cálcio, fibra e manganês.

PROPRIEDADES
As ameixas são conhecidas como um dos alimentos mais ricos em antioxidantes, com níveis mais elevados do que o brócolis e as blueberries. Também são ricas em fibras solúveis e não-solúveis, que auxiliam na digestão e na eliminação das toxinas.

Os iogurtes não necessitam de açúcar para ser doces e deliciosos. As ameixas e os damascos os adoçam naturalmente, sem a desvantagem de elevar demasiadamente o nível de açúcar no sangue, o qual inevitavelmente cairá de modo brusco em seguida.

55 g/⅓ de xícara de ameixas secas
55 g/⅓ de xícara de damascos secos
115 g/1 xícara de granola
175 g/¾ de xícara de iogurte natural
2 colheres (sopa) de sementes de girassol

1 Pique grosseiramente as ameixas e os damascos.

2 Bata as ameixas, os damascos e o iogurte no liquidificador. Adicione a granola e misture. Divida em duas tigelas e disponha por cima as sementes de girassol.

mingau crocante

Esta receita, uma nova versão do clássico mingau, fornece todos os nutrientes necessários para deixar as crianças de bom humor, alertas e com energia. As sementes são tanto cremosas quanto crocantes, adicionando textura a esta saborosa preparação.

115 g/1 xícara de aveia em flocos
300 ml/1¼ de xícara de leite de soja
1 colher (sopa) de melado ou açúcar mascavo
2 colheres (sopa) de sementes de girassol
2 colheres (sopa) de sementes de abóbora

1 Coloque a aveia e o leite de soja em uma panela e aqueça em fogo médio. Se preferir, coloque em uma vasilha apropriada e cozinhe por 5-7 min no microondas.
2 Deixe ferver mexendo com freqüência ou, se estiver usando o microondas, retire após 3 min, misture e cozinhe por mais 2-4 min.
3 Quando o mingau tiver engrossado, acrescente o melado ou o açúcar mascavo e misture. Retire do fogo, coloque em tigelas e por cima disponha as sementes.

RENDIMENTO 2 PORÇÕES

TEMPO DE PREPARO + COZIMENTO
2 + 10 minutos

CONSERVAÇÃO
Mantenha na geladeira por até 6 horas.

EXPERIMENTE...
servir com frutas frescas, como banana e morango, ou com ameixas secas.

RICO EM...
cálcio, fibra, magnésio, ômega-6, vitaminas do complexo B e zinco.

PROPRIEDADES
As sementes de girassol e de abóbora são ricas em gordura ômega-6, boa para o funcionamento cerebral, e o melado é excelente para o bom humor.

crepes de trigo-sarraceno com banana

RICO EM...
cálcio, ômega-6, potássio e vitaminas B6 e B12.

PROPRIEDADES
Pesquisas demonstram que o trigo-sarraceno diminui sensivelmente o nível de açúcar no sangue e é recomendado no controle do diabetes.

O trigo-sarraceno não possui parentesco com o trigo, porém pode ser uma ótima alternativa para ele, já que equilibra o nível de açúcar no sangue. Após ingeri-lo no café-da-manhã, a criança vai para a escola mais apta a se concentrar, ficar calma e ter energia até

a hora do almoço. O trigo-sarraceno também sacia a fome, evitando "ataques" aos doces. Tanto ele como a banana são boas fontes de vitaminas do complexo B, essenciais para a atividade mental e o funcionamento do cérebro.

175 g/1½ xícara de farinha de trigo-sarraceno
2 ovos
375 ml/1½ xícara de leite
2 bananas grandes cortadas em rodelas
55 g/⅓ de xícara de castanhas-do-pará fatiadas
melado

1 Peneire a farinha em uma tigela, junte os ovos e o leite e bata com um batedor ou um garfo. Leve à geladeira por 30 minutos.

2 Unte uma frigideira grande com óleo e aqueça. Quando estiver quente, acrescente 2 colheres (sopa) da mistura e gire a frigideira para que a massa fique bem espalhada no fundo. Deixe fritar e vire do outro lado. Repita o procedimento até que toda a superfície esteja dourada.

3 Sirva com as rodelas de banana, as castanhas-do-pará e o melado.

RENDIMENTO 6 a 10 CREPES

TEMPO DE PREPARO + COZIMENTO
35 + 10 minutos

CONSERVAÇÃO
Você pode refrigerar a massa da panqueca ainda não cozida na geladeira por até 3 dias.

EXPERIMENTE...
servir com iogurte natural para consumir bactérias benéficas.

Para deixar a receita com menos açúcar, substitua o melado por mel.

RENDIMENTO 2 PORÇÕES

TEMPO DE PREPARO + COZIMENTO
5 + 10 minutos

CONSERVAÇÃO
Pode ser mantido na geladeira por algumas horas.

EXPERIMENTE...
servir salpicado com coentro para um sabor diferente.

RICO EM...
fibra, ácido fólico, proteínas e vitaminas E e K.

PROPRIEDADES
Os aspargos contêm inulina, uma fibra prebiótica que alimenta as bactérias benéficas do intestino, sendo essencial para o sistema digestivo e a imunidade.

V O

ovos mexidos com aspargos

O aspargo é um alimento surpreendentemente prático para o café-da-manhã. Se os seus filhos não estão acostumados a comer vegetais de manhã, introduza-os em pequenas quantidades e em pratos caseiros, como estes deliciosos ovos mexidos.

2 colheres (sopa) de azeite de oliva
200 g de aspargos frescos bem picados
4 ovos
4 colheres (sopa) de leite
¼ de colher (chá) de sal
25 g (1 colher de sopa + 2 colheres de chá) de manteiga
4 fatias de pão de centeio
manteiga para passar no pão

1 Aqueça o azeite em uma panela antiaderente. Junte os aspargos e refogue por 3 a 4 minutos, mexendo com freqüência.
2 Quebre os ovos em uma vasilha, acrescente o leite, o sal e a manteiga e bata com um garfo.
3 Aqueça uma frigideira em fogo baixo e despeje a mistura de ovos. Mexa continuamente, sempre em fogo baixo, até que os ovos comecem a ficar firmes, e junte os aspargos.
4 Enquanto isso, torre as fatias de pão e passe a manteiga. Sirva os ovos com aspargos sobre as fatias de pão.

V

torradas mediterrâneas

A combinação de tomate e queijo de cabra desta receita é remanescente de férias ensolaradas no Mediterrâneo, cuja dieta, rica em alimentos naturais de um ambiente tão viçoso, tem sido relacionada com a prevenção de doenças ao longo da vida.

100 g de queijo de cabra
2 fatias de pão de centeio
8 tomates-cereja
25 g/⅓ de xícara de manjericão picado

1 Preaqueça o forno em temperatura média. Espalhe o queijo de cabra nas fatias de pão, em uma assadeira. Corte os tomates ao meio e distribua-os sobre o queijo.

2 Asse por 5 a 10 minutos, até que o queijo derreta.

3 Retire do forno, salpique o manjericão por cima e sirva.

RENDIMENTO 2 PORÇÕES

TEMPO DE PREPARO + COZIMENTO
5 + 10 minutos

CONSERVAÇÃO
Matenha na geladeira por 1 dia.

EXPERIMENTE...
servir com o Suco rejuvenescedor (ver p. 24).

RICO EM...
fibras, licopeno e vitaminas A, C e do complexo B.

PROPRIEDADES
O centeio é uma fonte valiosa de fibras, normalmente insuficientes na dieta das crianças. O licopeno é uma substância química vegetal que propicia a cor vermelha aos tomates e fornece uma alta dose de antioxidantes.

13

homus com torradas de centeio

RENDIMENTO 2 PORÇÕES

TEMPO DE PREPARO
5 minutos

CONSERVAÇÃO
Pode ser levado à geladeira na noite anterior e consumido na manhã seguinte.

EXPERIMENTE...
acrescentar abacate picado no homus, para um café-da-manhã rico em vitamina E.

RICO EM...
cálcio, fibras, magnésio, manganês e vitaminas C e do complexo B.

PROPRIEDADES
O pimentão vermelho possui 3 vezes mais vitamina C do que uma laranja do mesmo tamanho! A alfafa é rica nas enzimas que auxiliam a digestão e a eliminação de toxinas.

O homus pode parecer uma escolha insólita para o café-da-manhã, mas esta receita é uma ótima alternativa para os alimentos que fornecem "calorias vazias", como os cereais doces processados que com freqüência servimos às crianças.

4 fatias de pão de centeio
4 colheres (sopa) de homus
2 porções generosas de brotos de alfafa
1 pimentão vermelho sem sementes e cortado em fatias bem finas

1 Toste as fatias de pão e espalhe o homus por cima.
2 Cubra com os brotos de alfafa.
3 Decore com o pimentão vermelho.

bolachas de arroz com salmão cremoso

As bolachas de arroz são uma ótima alternativa para o pão. As crianças amam seu sabor e a textura, que lembra pipoca. Elas podem ser servidas com qualquer cobertura e são fáceis de preparar, próprias para aqueles dias em que estamos atrasados e precisamos preparar algo rapidamente.

1 abacate
25 g/¼ de xícara de espinafre picado
25 g/⅓ de xícara de coentro picado
55 g de salmão defumado picado
2 colheres (sopa) de cream cheese
½ limão
4 bolachas de arroz sem sal
4 ramos de salsinha

1 Retire a polpa do abacate em colheradas e coloque em uma vasilha. Junte o espinafre, o coentro, o salmão, o cream cheese e misture.

2 Tempere com o suco do limão. Mexa bem até obter uma pasta cremosa.

3 Espalhe nas bolachas de arroz, decore com a salsinha e sirva.

RENDIMENTO 2 PORÇÕES

TEMPO DE PREPARO
10 minutos

CONSERVAÇÃO
A mistura pode ser refrigerada por até 2 dias.

EXPERIMENTE...
com pão de centeio ou como recheio de sanduíche para a hora do almoço.

RICO EM...
cálcio, fibras, magnésio, proteína, ômega-3 e vitaminas A, C, E e do complexo B.

PROPRIEDADES
A gordura ômega-3 contida no salmão é própria para estimular a capacidade de aprendizagem e desenvolvimento do seu filho durante o dia.

ALMOÇO

Um bom almoço é essencial para que seu filho tenha energia o dia todo. É importante que você o incentive a ingerir alimentos ricos em proteínas, carboidratos e outros nutrientes, para evitar que ele tenha falta de energia, mau humor e cansaço. O almoço também é uma oportunidade de encorajar a criança a ajudar na cozinha, misturando ingredientes, lavando, descascando e, o mais importante, experimentando alimentos saudáveis e crus, como cenoura, tomate e queijo, para depois prová-los nas preparações e descobrir como os sabores foram alterados.

sopa de amêndoa e brócolis

RENDIMENTO 4 PORÇÕES

TEMPO DE PREPARO + COZIMENTO
5 + 20 minutos

CONSERVAÇÃO
Pode ser refrigerado por até 3 dias ou congelado por até 1 mês.

EXPERIMENTE...
servir fria, ou como molho para peixes de carne branca ou vegetais cozidos.

RICO EM...
cálcio, fibras, magnésio, sulforafanos, vitaminas do complexo B e zinco.

PROPRIEDADES
Os brócolis contêm substâncias chamadas sulforafanos – estudos indicam que elas auxiliam na eliminação de toxinas pelo fígado e fortalecem o sistema imunológico.

Tanto as amêndoas quanto o brócolis são reconhecidamente "superalimentos" – ricos em nutrientes importantes para o sistema imunológico, incluindo as antioxidantes vitaminas C e E, que comprovadamente afastam doenças. Esses alimentos são também importantes para um sistema digestivo saudável.

1 colher (sopa) de azeite
1 cebola descascada e picada
1 litro/4 xícaras de água
1 cubinho de caldo de legumes
115 g/¾ de xícara de amêndoas inteiras
250 g de brócolis cortados em flores

1 Aqueça o azeite em uma panela média, junte a cebola e doure-a. Acrescente a água, o cubinho de caldo de legumes, as amêndoas e as florezinhas de brócolis.

2 Ferva por 10 minutos, retire do fogo e deixe esfriar por 5 minutos. Bata no liquidificador rapidamente e, se necessário, reaqueça na panela antes de servir.

sopa especial

Além de conter menos gorduras saturadas do que as outras carnes e ser rica em proteínas facilmente absorvidas pelo organismo, o frango possui vitaminas do complexo B, essenciais para o bom humor. Estudos demonstram que o caldo de frango é a refeição ideal para a criança que está se recuperando de uma doença, além de constituir uma fonte sólida de nutrientes e ser uma maneira excelente de servir vegetais discretamente.

1 colher (sopa) de azeite de oliva
300 g de peito de frango picado em pedaços generosos
1 cebola descascada e picada
1 dente de alho espremido
1 litro/4 xícaras de água
1 cubinho de caldo de legumes
750 g de milho em conserva

1 Aqueça o azeite em uma panela, junte o frango e doure-o. Acrescente a cebola e o alho e refogue por 1 a 2 minutos.

2 Despeje a água, o caldo de legumes e o milho e ferva por 10 minutos. Retire do fogo e deixe esfriar por 5 minutos.

3 Bata no liquidificador até obter uma consistência uniforme, aqueça novamente e sirva.

RENDIMENTO 1 PORÇÃO

TEMPO DE PREPARO + COZIMENTO
5 + 20 minutos

CONSERVAÇÃO
Pode ser refrigerado por até 3 dias ou congelado por até 1 mês.

EXPERIMENTE...
servir com torradinhas, uma maçã e um pouco de ameixas secas para que seu filho possa ingerir uma boa quantidade de fibras.

RICO EM...
enxofre, selênio, triptofano e vitaminas B3 e B6.

PROPRIEDADES
A vitamina B3 contida no frango é importante para um humor estável, uma vez que auxilia na liberação de energia dos carboidratos e favorece o equilíbrio de açúcar no sangue.

RENDIMENTO 4 PORÇÕES

TEMPO DE PREPARO + COZIMENTO
10 + 15 minutos

CONSERVAÇÃO
Pode ser refrigerada por até 3 dias ou congelada por até 1 mês.

EXPERIMENTE...
com croûtons de pão de centeio.

RICO EM...
betacaroteno e vitaminas A e K.

PROPRIEDADES
A cor de laranja intensa das cenouras é proveniente de seu alto nível de betacaroteno, benéfico para a vista.

sopa de cenoura e pastinaca

A sopa de cenoura costuma ser uma das sopas favoritas das crianças. Quando a cenoura é servida em forma de sopa, o saudável betacaroteno nela contido vai diretamente para o trato digestivo da criança, onde auxilia a digestão e favorece a imunidade.

- **1 colher (sopa) de azeite de oliva**
- **1 cebola picada**
- **1 colher (chá) de coentro em grãos**
- **4 cenouras raspadas e cortadas em fatias**
- **4 pastinacas (cenoura branca) raspadas e cortadas em fatias**
- **1 colher (chá) de canela em pó**
- **500 ml/2 xícaras de água**
- **1 cubinho de caldo de legumes**
- **25 g/⅓ de xícara de salsinha picada**

1 Aqueça o azeite em uma panela, junte a cebola e doure-a.
2 Acrescente os outros ingredientes, exceto a salsinha, e cozinhe por 15 minutos ou até que os vegetais estejam macios.
3 Bata no liquidificador até ficar homogêneo e sirva em vasilhas individuais, salpicando a salsinha por cima.

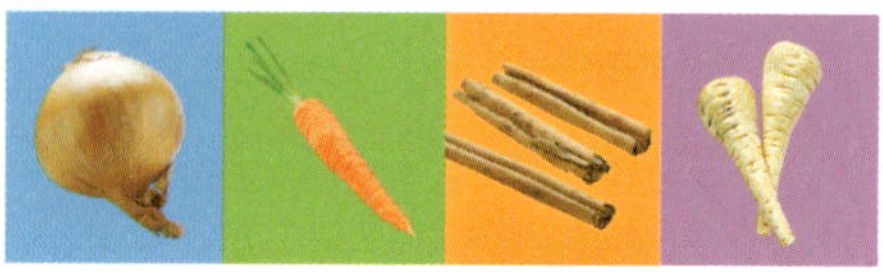

hambúrguer de batata e lentilha

Todos irão amar a textura macia deste prato – uma ótima maneira de disfarçar as lentilhas.

500 g de batata
115 g/1 xícara de lentilha
1 colher (sopa) de azeite de oliva
1 cebola pequena picada
1 dente de alho espremido
1 ovo batido
2 colheres (sopa) de cebolinha picada
55 g/⅓ de xícara de queijo prato ralado

1 Cozinhe as batatas por 15 a 20 minutos, até que estejam macias. Escorra e amasse-as. Ao mesmo tempo, em outra panela, cozinhe as lentilhas por cerca de 10 minutos, até que estejam tenras, e escorra. Aqueça o azeite em uma panela pequena, junte a cebola e o alho e refogue.

2 Preaqueça o forno em 220°C. Em uma vasilha grande, misture bem a batata, a lentilha, a cebola com alho, o ovo batido, a cebolinha e o queijo ralado. Forme 12 hambúrgueres e disponha em uma assadeira antiaderente.

3 Asse por 20 minutos ou até que dourem e sirva imediatamente.

RENDIMENTO 4 PORÇÕES

TEMPO DE PREPARO + COZIMENTO
10 + 40 minutos

CONSERVAÇÃO
Você pode congelar a mistura crua por até 1 mês.

EXPERIMENTE...
servir com salada verde, ervilha e coalhada ou molho de tomate.

RICO EM...
enxofre, fibras e vitaminas do complexo B.

PROPRIEDADES
O enxofre encontrado na lentilha, nos ovos e na cebola auxilia a eliminação de toxinas do organismo e contribui para a renovação da pele.

19

cestinhas de frango

RENDIMENTO 4 PORÇÕES

TEMPO DE PREPARO + COZIMENTO
10 + 5 minutos

CONSERVAÇÃO
Pode se refrigerado por até 1 dia e aquecido na hora de servir.

EXPERIMENTE...
servir este prato acompanhado de leite de coco, para obter um sabor tailandês que seu filho vai adorar!

RICO EM...
bioflavonóides, magnésio, vitaminas C e E e zinco.

PROPRIEDADES
O tamari oferece os benefícios das formas tradicionais de fermentação da soja, sem o trigo contido nos outros molhos de soja, como o shoyu.

As crianças adoram o sabor dos legumes nesta receita. Mesmo que não comam alguns ingredientes, ainda absorverão muitos nutrientes que as deixarão felizes e concentradas até a hora de dormir.

1 colher (sopa) de azeite de oliva
2 peitos de frango (com cerca de 140 g cada) cortados em tiras
1 colher (chá) de gengibre picado
115 g/½ xícara de ervilha-torta picada
115 g/½ xícara de repolho picado
115 g de udon (macarrão oriental)
1 talo de capim-cidreira fatiado
6 cebolinhas picadas
2 anises-estrelados
3 colheres (sopa) de molho de tomate
3 colheres (sopa) de tamari (molho de soja fermentado)
25 g/⅓ de xícara de coentro picado

1 Aqueça o azeite em uma wok e refogue o frango em fogo baixo, até cozinhar. Junte o gengibre, a ervilha-torta, o repolho, o udon e o capim-limão e refogue por 2 a 3 min.

2 Acrescente a cebolinha, o anis-estrelado, o molho de tomate, o tamari e o shoyu e refogue por mais 1 min. Se a mistura estiver muito seca acrescente mais shoyu.

3 Retire do fogo e sirva com o coentro picado.

bolinhos de salmão

Os bolinhos de salmão são uma ótima alternativa para o hambúrguer. Ricos em carboidratos e proteínas, eles deixarão seu filho com energia por toda a tarde.

500 g de batatas sem casca picadas
350 g de filés de salmão
1 colher (sopa) de azeite de oliva
4 cebolinhas verdes picadas
1 alho-poró cortado em rodelas
3 colheres (sopa) de mostarda escura
1 colher (sopa) de molho de tomate, mais um pouco para servir

1 Encha uma panela com água pela metade, ferva e coloque as batatas. Cozinhe por 15-20 min, até que estejam macias, escorra e amasse-as. No forno, asse os filés de salmão, virando com freqüência, por cerca de 15 min ou até que estejam cozidos, retire a pele e desfie os filés.

2 Preaqueça o forno a 220°C. Aqueça o azeite em uma frigideira grande e refogue a cebolinha e o alho-poró por 3 min. Acrescente as batatas, o salmão, a mostarda, 1 colher de sopa de molho de tomate e misture bem.

3 Faça 8 bolinhos, achate com a palma das mãos e coloque em uma assadeira. Asse por 20 min ou até dourar. Sirva com molho de tomate.

RENDIMENTO 4 PORÇÕES

TEMPO DE PREPARO + COZIMENTO
5 + 50 minutos

CONSERVAÇÃO
A mistura crua pode ser congelada por até 1 mês.

EXPERIMENTE...
servir com ervilhas, salada de rúcula e molho tártaro ou raiz-forte (se seu filho gostar de comida picante).

RICO EM...
fibras, ômega-3 e gorduras monoinsaturadas saudáveis para o bom funcionamento cerebral.

PROPRIEDADES
Os óleos presentes no salmão auxiliam no tratamento de afecções inflamatórias como eczema, acne, psoríase e asma.

salada de pêssego com presunto

RICO EM...
betacaroteno, ferro, licopeno, proteína e sílica.

PROPRIEDADES
O pepino contém sílica, um sal mineral que ajuda as plantas a ficar eretas e que é um componente essencial para a saúde da pele.

Muitas crianças gostam de frutas em pratos salgados. A combinação de diferentes cores de frutas e vegetais fornece diversos antioxidantes que protegem o organismo infantil em desenvolvimento contra os radicais livres – subprodutos prejudiciais do metabolismo celular precipitados

por poluição, radiações da televisão e do computador e estresse. O espinafre é um superalimento que melhora as habilidades motoras e a capacidade de aprendizagem.

4 pêssegos com casca e sem caroço cortados em 3 pedaços
12 fatias de presunto
225 g/1 xícara de ervilha-torta picada
225 g/2 xícaras de espinafre picado
1 cebola roxa descascada cortada em fatias
115 g/1 xícara de tomates-cereja cortados ao meio
1/2 pepino ralado
3 colheres (sopa) de azeite de oliva
1 colher (sopa) de vinagre balsâmico
4 ramos de hortelã

1 Preaqueça o forno a 180°C. Envolva cada pedaço de pêssego em uma fatia de presunto, arrume em uma assadeira e asse por 3 a 6 min, até dourarem ligeiramente.

2 Coloque a ervilha-torta e o espinafre em uma saladeira. Junte a cebola roxa, o tomate e o pepino e misture bem, temperando com o azeite e o vinagre.

3 Divida a salada em quatro pratos e decore com os ramos de hortelã.

RENDIMENTO 4 PORÇÕES

TEMPO DE PREPARO + COZIMENTO
10 + 6 minutos

CONSERVAÇÃO
Pode ser refrigerada por até 24 horas.

EXPERIMENTE...
servir com pão de trigo integral ou de centeio para uma refeição com mais fibras.

Se seu filho tiver menos de 4 anos, uma boa alternativa para o presunto é o peito de peru.

feijão à moda mexicana

RENDIMENTO 4 PORÇÕES

TEMPO DE PREPARO + COZIMENTO
5 + 20 minutos

CONSERVAÇÃO
Pode ser refrigerado por até 3 dias ou congelado por até 1 mês.

EXPERIMENTE...
servir com queijo ralado, homus e coalhada ou com arroz integral.

RICO EM...
cálcio, fibra, licopeno, magnésio e proteína.

PROPRIEDADES
Cozidos, os tomates fornecem doses maiores do antioxidante licopeno, responsável pela sua cor vermelha, benéficos para a vista, o coração e a pele.

Os feijões são ricos em fibras e proteína vegetal: uma boa opção para um almoço saudável.

1 colher (sopa) de azeite de oliva
1 cebola roxa picada
2 colheres (chá) de pimenta-calabresa a gosto
2 colheres (sopa) de molho inglês
200 g/1 xícara de purê de tomate
½ pimentão vermelho sem sementes e cortado em fatias
1 lata de milho em conserva
400 g de feijão pré-cozido
400 g de grão-de-bico pré-cozido
2 latas (400 g cada) de polpa de tomate
1 cubinho de caldo de carne
4 pães sírios integrais
1 maço de cebolinha verde picada
25 g/⅓ xícara de salsinha picada

1 Aqueça o azeite em uma wok e refogue a cebola até dourar. Acrescente a pimenta, o molho inglês e o purê de tomate e misture. Amasse um pouco do feijão cozido com um garfo, para engrossar a mistura.

2 Junte o pimentão, o milho, o feijão, o grão-de-bico, a polpa de tomate e o cubinho de caldo de carne e cozinhe por 10 min (se a mistura ainda estiver rala, acrescente um pouco de maisena dissolvida em água, mexendo sempre). Torre ligeiramente os pães sírios e corte-os ao meio.

3 Adicione a cebolinha e a salsinha e sirva em pratos fundos ou tigelinhas com o pão sírio à parte.

V

feijão agridoce

Esta variação de uma receita anglo-americana típica (baked beans) é rica em triptofano, que melhora o humor e contém bem menos açúcar do que a tradicional.

80 ml/⅓ de xícara de óleo
1 cebola pequena descascada e picada
3 dentes de alho espremidos
1 pimentão vermelho sem sementes e picado
250 ml/1 xícara de água
250 ml/1 xícara de xarope de bordo (maple)
200 g/1 xícara de purê de tomate
2 colheres (sopa) de melado
2 colheres (sopa) de vinagre de maçã
1 colher (chá) de mostarda de Dijon
800 g de feijão já cozido e escorrido
4 fatias de pão italiano
150 g/1 xícara de queijo prato

1 Preaqueça o forno a 170°C. Aqueça o óleo em uma panela grande e refogue a cebola, o alho e o pimentão. Reserve.

2 Em uma vasilha, misture a água, o xarope de bordo, o purê de tomate, o melado, o vinagre e a mostarda. Acrescente o feijão e a mistura de cebola refogada e mexa bem. Despeje em uma fôrma refratária rasa, cubra com papel-alumínio e asse por 30 min. Se preciso, acrescente mais água para não ressecar.

3 Retire do forno e sirva sobre as fatias de pão torradas. Cubra com o queijo ralado.

RENDIMENTO 2 PORÇÕES

TEMPO DE PREPARO + COZIMENTO
10 + 30 minutos

CONSERVAÇÃO
Guarde o que sobrar do assado na geladeira por até 3 dias.

EXPERIMENTE...
servir com batata assada para uma refeição com ainda mais fibras.

RICO EM...
ácido fólico, fibras, manganês e triptofano.

PROPRIEDADES
O alho contém enxofre, que age como desintoxicante, e é ainda um potente antibiótico, auxiliando na prevenção de doenças.

RENDIMENTO 4 PORÇÕES

TEMPO DE PREPARO + COZIMENTO
5 + 40 minutos

CONSERVAÇÃO
Depois de assada, refrigere por até 3 dias e aqueça na hora de servir. Pode ser congelada crua por até 1 mês.

EXPERIMENTE...
servir com salada verde, espinafre ou pão de alho caseiro.

RICO EM...
licopeno, luteína, ômega-6, selênio e vitamina E.

PROPRIEDADES
Os cogumelos são ricos em selênio, importante para o sistema imunológico, principalmente os provenientes de solos orgânicos, que possuem os maiores níveis deste mineral.

V

lasanha vegetal

Esta lasanha fornece todos os nutrientes necessários para a saúde e o bom humor.

2 colheres (sopa) de azeite de oliva
1 cebola bem picada
2 dentes de alho fatiados
1 pimentão vermelho sem sementes e cortado em fatias
115 g/1 xícara de cogumelos frescos cortados em fatias
150 g/⅔ de xícara de repolho picado
1 punhado de sementes de girassol
1 punhado de sementes de abóbora
1 colher (chá) de sal
1 colher (chá) de canela em pó
100 g/½ xícara de purê de tomate
molho de pimenta a gosto
400 g de grão-de-bico pré-cozido
2 latas (400 g cada) de polpa de tomate
25 g/⅓ de xícara de manjericão picado
200 g de mussarela fatiada
10 tiras de massa para lasanha instantânea
15 g/1 colher (sopa) de manteiga
1 colher (sopa) de farinha de trigo
425 ml/1¾ de xícara de leite
100 g de queijo branco picado

1 Preaqueça o forno a 190°C. Aqueça o azeite em uma panela e refogue levemente os legumes. Retire do fogo.

2 Em uma vasilha, misture os próximos 9 ingredientes aos legumes refogados, mexendo bem. Espalhe metade em uma fôrma refratária grande e por cima disponha metade da mussarela. Cubra com metade das tiras de lasanha e, por cima, coloque o queijo restante. Disponha o que restou da mistura de legumes e cubra com as tiras de lasanha.

3 Aqueça a manteiga em uma panela, misture a farinha e acrescente o leite, mexendo bem. Junte o queijo branco e cozinhe até o molho engrossar. Despeje sobre a lasanha e leve ao forno por 30 min.

cassoulet de feijão

A mistura de feijões ajuda no combate a problemas digestivos e de pele. Cozinhe-os lentamente para romper as fibras de difícil digestão, que podem causar gases e inchaço. Caso alguém sofra disso, acrescente um pedaço de alga marinha (encontrada em lojas de produtos naturais) à água para ajudar a quebrar as fibras.

115 g/½ xícara de feijão-branco
115 g/½ xícara de feijão-verde
115 g/½ xícara de fava
1 litro/4 xícaras de água
1 cubinho de caldo de legumes
175 g/1½ xícara de cogumelo fresco fatiado
1 lata/400 g de polpa de tomate
3 dentes de alho espremidos
2 talos de salsão fatiados
4 colheres (sopa) de purê de tomate
8 echalotas
5 colheres (sopa) de azeite de oliva
1 colher (chá) de orégano
4 ramos de manjericão

1 Deixe os feijões de molho de véspera.

2 Escorra-os e coloque-os em uma fôrma refratária grande, funda e com tampa. Junte os ingredientes restantes, menos o manjericão, e misture bem.

3 Tampe e leve ao forno para assar por 40-50 min, mexendo a cada 20 min. Retire do forno e sirva em pratos fundos decorados com o manjericão.

RENDIMENTO 4 PORÇÕES

TEMPO DE PREPARO + COZIMENTO
1 noite para deixar os feijões de molho + 10 + 50 minutos

CONSERVAÇÃO
Pode ser refrigerado por até 3 dias ou congelado por até 1 mês.

EXPERIMENTE...
servir como recheio de batata assada, polvilhado com queijo ralado.

RICO EM...
cálcio, fibras, magnésio, proteína, triptofano e vitaminas do complexo B.

PROPRIEDADES
Os três tipos de feijão são ricos em proteínas diferentes que auxiliam na produção de neurotransmissores, incluindo a serotonina, que o organismo fabrica a partir do triptofano.

lingüiça com batata-doce

RENDIMENTO 4 PORÇÕES

TEMPO DE PREPARO + COZIMENTO
10 + 30 minutos

CONSERVAÇÃO
Sirva no mesmo dia em que foi preparado.

EXPERIMENTE...
servir com salada e pão de centeio torrado para obter mais energia nos dias frios.

RICO EM...
betacaroteno, enxofre, ferro, licopeno e selênio.

PROPRIEDADES
O organismo absorve o ferro contido na carne mais facilmente do que o ferro proveniente de fontes vegetais. A criança utiliza o ferro para oxigenar o organismo e gerar energia. Se as lingüiças forem preparadas a partir de carnes magras como peru ou carneiro em vez da carne de porco, serão uma fonte mais rica de proteína e ferro.

As lingüiças podem ser benéficas à saúde se forem bem escolhidas. Opte por um açougueiro de confiança, compre lingüiças orgânicas e verifique a embalagem para se certificar de que a carne seja natural e não contenha enchimentos como farinha.

115 g/1 xícara de cogumelos frescos cortados em fatias
16 tomates-cereja cortados ao meio
1 cebola bem picada
2 dentes de alho fatiados
2 alhos-porós limpos e cortados em rodelas
2 batatas-doces descascadas e picadas
8 lingüiças cortadas em fatias
3 a 4 colheres (sopa) de azeite de oliva
25 g/⅓ de xícara de salsinha picada

1 Preaqueça o forno a 190°C. Arrume os cogumelos e os tomates-cereja em uma fôrma refratária média. Junte a cebola, o alho, o alho-poró, a batata-doce e a lingüiça.

2 Regue com o azeite e salpique com a salsinha. Asse por 20-30 min até que a batata-doce esteja macia e a lingüiça, bem cozida. Retire do forno e sirva.

V

arroz de vegetais

Não subestime o poder das verduras. O organismo desbloqueia o potencial energético da clorofila – responsável pela cor verde das plantas – para estimular o crescimento e a habilidade de lidar com novas situações.

1 litro/4 xícaras de água
1 cubinho de caldo de legumes amassado
225 g/1⅓ de xícara de arroz arbóreo
2 colheres (sopa) de óleo de gergelim
2 dentes de alho fatiados
175 g de brócolis
175 g de aspargos frescos picados
175 g/⅔ de xícara de ervilha-torta picada
2 maçãs raladas
3 colheres (sopa) de sementes de abóbora
2 ramos de alecrim (somente as folhas)
115 g/⅔ de xícara de queijo prato ralado

1 Coloque a água, o cubinho de caldo de legumes e o arroz em uma panela. Cubra e cozinhe por 15 min, mexendo de vez em quando até que o arroz absorva toda a água. Retire do fogo.

2 Aqueça o óleo de gergelim em uma wok, acrescente o alho, o brócolis, o aspargo e a ervilha-torta e refogue por 2-3 min, até que estejam tenros. Junte a maçã, as sementes de abóbora, o alecrim e o arroz e misture.

3 Se necessário, acrescente mais água quente para obter uma consistência mais viscosa. Sirva em pratos individuais, polvilhados com o queijo ralado.

RENDIMENTO 4 PORÇÕES

TEMPO DE PREPARO + COZIMENTO
10 + 20 minutos

CONSERVAÇÃO
De preferência, deve ser consumido logo após o preparo, mas pode ser refrigerado por uma noite e consumido no dia seguinte.

EXPERIMENTE...
servir com salada de rúcula e frango.

RICO EM...
cálcio, fibras, magnésio e vitaminas do complexo B.

PROPRIEDADES
As fibras ajudam a normalizar a digestão, a alimentar as bactérias benéficas presentes no trato intestinal da criança (úteis para o sistema imunológico) e a eliminar as toxinas do organismo.

pizza festiva

RENDIMENTO 4 PORÇÕES

TEMPO DE PREPARO + COZIMENTO
15 + 20 minutos

CONSERVAÇÃO
Você pode refrigerar a pizza assada por uma noite e comer no café-da-manhã ou almoço. A massa crua pode ser congelada por 1 mês.

EXPERIMENTE...
servir com a Salada Vibrante de Feijão (ver p. 93).

RICO EM...
fibras, licopeno, selênio e vitamina C.

PROPRIEDADES
A farinha de fubá é um alimento saudável e fonte de fibras, que varia o sabor tradicional da pizza.

A pizza é um dos pratos prediletos das crianças e, se for preparada com os ingredientes certos, pode se tornar uma refeição saudável.

½ colher (chá) de fermento biológico
250 ml/1 xícara de água morna
1 colher (chá) de açúcar mascavo
115 g/1 xícara de farinha de trigo
85 g/½ xícara de fubá
1½ colher (sopa) de azeite de oliva
1 colher (chá) de sal
115 g/½ xícara de molho de tomate
½ pimentão vermelho sem sementes fatiado
½ pimentão amarelo sem sementes fatiado
55 g/½ xícara de cogumelos
100 g de mussarela fatiada

1 Preaqueça o forno a 220°C. Em uma vasilha, dissolva o fermento em metade da água, junte o açúcar e reserve por 15 min.

2 Coloque a farinha em uma tigela, junte a mistura de fermento, a maior parte do fubá, o azeite e o sal e bata com uma colher de pau. Acrescente a água aos poucos, mexendo com as mãos. Quando obter uma mistura macia, que desgrude dos dedos, coloque em uma superfície polvilhada com fubá e amasse.

3 Abra a massa em uma assadeira antiaderente e coloque no forno por 5 min (na grade superior, se o forno possuir duas). Retire do forno, espalhe o molho de tomate e por cima ponha os vegetais e a mussarela. Asse por mais 25 min, até dourar.

ensopado indiano

Esta preparação feita com leite de coco é fonte de gorduras saudáveis e auxilia na manutenção da boa forma.

280 g de arroz basmati
1 colher (sopa) de azeite de oliva
1 cebola picada
2 dentes de alho fatiados
2 batatas-doces grandes descascadas e picadas
½ pau de canela
2 colheres (chá) de coentro em grão
1 colher (chá) de curry
½ cubinho de caldo de legumes
375 ml/1½ xícara de água
225 g/2 xícaras de espinafre
55 g/½ xícara de sementes de abóbora
55 g/½ xícara de uvas-passas
400 ml de leite de coco
25 g/⅓ de xícara de salsinha picada

1 Encha meia panela com água, ferva e coloque o arroz. Tampe e cozinhe por 15 min.

2 Aqueça o azeite em outra panela, acrescente a cebola e o alho e refogue. Junte a batata-doce, o pau de canela, o coentro, o curry, o cubinho de caldo de legumes e a água e cozinhe por 10 min.

3 Adicione o espinafre, as sementes de abóbora, as passas e o leite de coco e ferva por mais 5-10 min. Retire as duas panelas do fogo, escorra o arroz e coloque em pratos individuais com o ensopado. Decore com a salsinha picada e sirva.

RENDIMENTO 4 PORÇÕES

TEMPO DE PREPARO + COZIMENTO
5 + 20 minutos

CONSERVAÇÃO
Pode ser refrigerado por até 3 dias ou congelado por até 1 mês.

EXPERIMENTE...
bater o ensopado no liquidificador para obter uma preparação encorpada, substanciosa e saudável.

RICO EM...
betacarotenos, ômega-6 e vitaminas A e C.

PROPRIEDADES
Recentemente, as batatas-doces foram classificadas como um alimento que previne o diabetes, por serem eficazes na estabilização do nível de açúcar do sangue.

tortillas de atum

RICO EM...
proteína, selênio, triptofano e vitaminas B3, B6 e C.

PROPRIEDADES
O atum é uma fonte excelente de todos os ingredientes de que seu filho necessita para fabricar serotonina e outros neurotransmissores necessários à concentração escolar.

O atum é um alimento rico em nutrientes e uma fonte excelente de proteínas. Além disso, propicia as substâncias necessárias à fabricação de hormônios e neurotransmissores que deixam seu filho relaxado, receptivo e positivo. Fonte de ômega-3, o atum também

fornece os ácidos graxos EPA e DHA. Nosso cérebro é feito de 60% de gordura, da qual o EPA e o DHA são componentes cruciais, tanto para a comunicação quanto para a proteção das células.

75 g/½ lata de atum em óleo, escorrido
100 g de feijão pré-cozido
55 g de milho em conserva
2 cebolinhas verdes picadas
½ pimentão vermelho sem sementes fatiado
2 colheres (sopa) de maionese
115 g/⅓ de xícara de rúcula
2 tortillas de trigo

1 Desfie o atum em uma tigela pequena.

2 Junte os ingredientes restantes, menos a rúcula e a tortilla, e misture bem.

3 Disponha a rúcula no centro das tortillas e, por cima, coloque a mistura de atum. Enrole firmemente e sirva.

RENDIMENTO 2 PORÇÕES

TEMPO DE PREPARO
10 minutos

CONSERVAÇÃO
A mistura de atum pode ser refrigerada por até 3 dias.

EXPERIMENTE...
servir com frutas secas, talos de salsão e homus para uma refeição completa.

A pimenta chili ajuda na circulação e evita resfriados.

wrap vegetariano

RENDIMENTO 1 PORÇÃO

TEMPO DE PREPARO
10 minutos

CONSERVAÇÃO
Pode ser preparado na noite anterior e refrigerado até o dia seguinte.

EXPERIMENTE...
servir com homus, cenoura crua e uma banana para uma refeição completa e supersaudável.

RICO EM...
fibras, magnésio, triptofano, vitaminas do complexo B e zinco.

PROPRIEDADES
A alfafa contém enzimas que alimentam as bactérias benéficas do trato gastrintestinal infantil, estimulando uma digestão saudável e auxiliando na prevenção de doenças.

As tortillas são uma ótima alternativa para o pão e podem ser preparadas em casa, com farinha de trigo sem glúten. O recheio crocante é uma fonte rica de proteína vegetal saudável e, portanto, ajuda a fabricar os neurotransmissores que asseguram a concentração ao longo do dia.

1 abacate picado
115 g/1 xícara de espinafre picado
115 g/½ xícara de brotos de alfafa
115 g/½ xícara de brotos de feijão
25 g/⅓ de xícara de sementes de abóbora
3 colheres (sopa) de azeite de oliva
1 colher (sopa) de mostarda escura
1 colher (sopa) de mel
2 tortillas

1 Coloque o abacate, o espinafre, os brotos e as sementes de abóbora em uma vasilha.

2 Para o molho, coloque o azeite, a mostarda e o mel em uma tigela pequena e bata com um garfo. Despeje o molho na outra vasilha e misture bem.

3 Coloque a mistura no centro das tortillas, enrole firmemente e sirva.

hambúrguer com bagel

As batatas abastecem o organismo com a energia de que a criança necessita para passar uma tarde atarefada na escola, sem perda de ânimo nem de concentração. O abacate e o molho de tomate são alternativas saudáveis para o catchup, a maionese e os molhos de salada, ricos em gorduras não saudáveis e açúcares.

1 bagel integral
25 g/⅓ de xícara de rúcula
1 hambúrguer de lentilha e batata (ver p. 45)
1 colher (sopa) de homus
1 colher (sopa) de molho de tomate
½ abacate fatiado

1 Corte o bagel ao meio e torre ligeiramente. Coloque a rúcula em uma metade, dispondo o hambúrguer por cima.

2 Espalhe o homus e o molho de tomate no hambúrguer e cubra com as fatias de abacate.

3 Tampe o recheio com a outra metade do bagel.

RENDIMENTO 1 PORÇÃO

TEMPO DE PREPARO
10 minutos

CONSERVAÇÃO
Pode ser preparado na noite anterior e refrigerado até o dia seguinte.

EXPERIMENTE...
servir com qualquer refeição como substituto de batata, macarrão ou arroz.

RICO EM...
antioxidantes, fibras e vitaminas B6 e C.

PROPRIEDADES
As batatas são surpreendentemente ricas em vitamina C e também possuem vitamina B6 e potássio, que fortalecem o sistema imunológico.

RENDIMENTO 1 PORÇÃO

TEMPO DE PREPARO + COZIMENTO
5 + 10 minutos

CONSERVAÇÃO
O molho de amendoim pode ser refrigerado por até 1 mês.

EXPERIMENTE...
servir com Muffins de maçã e amora (ver p. 28-9) e um punhado de sementes de abóbora e de girassol.

RICO EM...
ácido fólico, fibras, gorduras monoinsaturadas, manganês, proteína e triptofano.

PROPRIEDADES
O amendoim é uma fonte saudável de gorduras monoinsaturadas, fibras e proteínas, que, respectivamente, melhoram a função celular, a digestão e o equilíbrio do nível de açúcar no sangue.

espetinhos de frango com pasta de amendoim

Esta receita é rica em gorduras necessárias ao desenvolvimento cerebral da criança e muito fácil de preparar. Utilize pasta de amendoim sem adição de sal nem açúcar, que pode ser encontrada em lojas de produtos naturais – verifique sempre os rótulos.

55 g/⅓ de xícara de arroz basmati
1/2 colher (chá) de cúrcuma
25 g/⅓ de xícara de uvas-passas
115 g de peito de frango cortado em cubos
4 colheres (sopa) de pasta de amendoim
1 colher (sopa) de azeite de oliva

1 Encha uma panela com água pela metade, ferva e junte o arroz, a cúrcuma e as passas. Cubra e cozinhe por 10 min ou até que o arroz esteja macio. Escorra, deixe esfriar e coloque em um recipiente hermeticamente fechado.
2 Aqueça o forno em temperatura alta. Distribua os cubos de frango em 2 espetinhos próprios para churrasco e asse por 8-10 min ou até que o frango esteja cozido, virando freqüentemente.
3 Misture a pasta de amendoim com o azeite e coloque em um recipiente pequeno. Sirva o arroz em um prato, cubra com os espetinhos e coloque ao lado o molho de amendoim.

sanduíche com pão sírio

O pão sírio é ótimo para "disfarçar" novos alimentos e constitui uma boa alternativa ao pão branco, que normalmente possui um teor mais elevado de açúcares e amidos não saudáveis. Este recheio vegetariano é surpreendentemente saboroso.

2 pães sírios integrais
1 cenoura raspada e ralada
25 g/¼ de xícara de espinafre picado
1 talo de aipo (salsão) picado
1 colher (chá) de coentro em grão
1 colher (sopa) de sementes de girassol
4 colheres (sopa) de homus

1 Torre ligeiramente os pães e corte-os pela metade, sem separá-las totalmente.

2 Misture os ingredientes restantes em uma vasilha.

3 Recheie os pães.

RENDIMENTO 2 PORÇÕES

TEMPO DE PREPARO
10 minutos

CONSERVAÇÃO
Pode ser preparado na noite anterior e refrigerado até o dia seguinte.

EXPERIMENTE...
servir com uma maçã e Pipoca com canela (ver p. 78).

RICO EM...
betacaroteno, potássio, proteína e vitaminas A e K.

PROPRIEDADES
Por ser uma folha, o espinafre é rico em proteína – além de ser uma excelente fonte de vitaminas A e K, o que o torna essencial para um crescimento saudável.

enroladinhos de atum

RENDIMENTO 4 PORÇÕES

TEMPO DE PREPARO + COZIMENTO
10 + 10 minutos

CONSERVAÇÃO
Pode ser refrigerado por até 1 dia. Os wraps são uma boa opção para piqueniques.

EXPERIMENTE...
servir com Batata-Doce crocante (ver pp. 72-3).

RICO EM...
fibras, gorduras monoinsaturadas, manganês, vitaminas do complexo B e zinco.

PROPRIEDADES
A alface fornece uma boa quantidade de fibras e de manganês, crucial para controlar o nível de açúcar no sangue.

Estes enrolados, ou wraps, são uma versão moderna da clássica salada niçoise. Acrescentamos ingredientes saudáveis como broto de alfafa e cebola roxa aos conhecidos ovos e atum; o molho, naturalmente doce, fará com que a assimilação desses novos sabores seja mais fácil.

3 ovos
1 cebola roxa picada
175 g/¾ de xícara de brotos de alfafa
2 latas de atum conservado em óleo
1 lata de milho em conserva
2 alfaces romanas pequenas picadas
3 colheres (sopa) de azeite de oliva
1 colher (sopa) de mostarda escura
1 colher (sopa) de mel
8 tortillas

1 Encha uma panela com água pela metade e ferva. Coloque os ovos delicadamente e cozinhe por 8 min. Apague o fogo, retire os ovos, deixe esfriar um pouco, descasque e corte em fatias.

2 Em uma vasilha, disponha os ovos, a cebola roxa, os brotos de alfafa, o atum, o milho e a alface e misture com cuidado.

3 Em uma tigelinha, bata o azeite, a mostarda e o mel com um garfo ou um batedor manual, acrescente à salada e mexa. Coloque o recheio no centro das tortillas e enrole firmemente.

36

patê de peixe

Os peixes gordurosos são uma das principais fontes de ômega-3, que a criança deve ingerir 2 a 3 vezes por semana. Este delicioso patê é uma ótima maneira de fornecer esses ácidos graxos essenciais, além de ser uma alternativa rápida e saudável para os patês prontos.

250 g de cavala sem espinhas e cozida
150 g de cream cheese
1 gomo de limão
25 g/⅓ de xícara de salsinha picada
4 pãezinhos integrais (ou 8 fatias de pão de fôrma)
manteiga para passar
55 g/⅔ de xícara de rúcula

1 Separe a cavala em lascas e bata no processador com o cream cheese. Esprema o suco de limão, acrescente-o ao peixe, adicione a salsinha e misture bem.

2 Corte os pãezinhos ao meio e passe a manteiga na parte de cima (ou em uma das duplas do pão de fôrma). Espalhe o patê na parte de baixo (ou na outra fatia), divida a rúcula entre os pães e feche os sanduíches.

RENDIMENTO 1 PORÇÃO

TEMPO DE PREPARO
10 minutos

CONSERVAÇÃO
Pode ser preparado e refrigerado por até 3 dias ou congelado por até 1 mês.

EXPERIMENTE...
servir com as Barrinhas crocantes de müsli (ver p. 83), para um lanche especial.

RICO EM...
antioxidantes, cálcio, ômega-3 e vitamina K.

PROPRIEDADES
A salsinha fresca é uma das fontes mais ricas de vitamina K, um nutriente quase sempre esquecido, crucial para o crescimento saudável dos ossos.

BEBIDAS E LANCHES

As bebidas não servem somente para hidratar – elas também são uma fonte de vitaminas e sais minerais de fácil absorção. Ao prepararmos bebidas saudáveis para nossos filhos, nós diminuímos a tendência das crianças de pedir bebidas prontas, cheias de açúcar. Da mesma forma, os lanches não são somente um agrado ou algo para preencher o estômago. Se escolhermos alimentos que não contenham muito açúcar nem produtos químicos e que sejam pobres em gorduras saturadas e trans, podemos melhorar a saúde das crianças, proporcionando um equilíbrio de açúcar no sangue entre as refeições e aumentando o consumo de nutrientes essenciais.

coquetel caribenho

RENDIMENTO 4 PORÇÕES

TEMPO DE PREPARO
10 minutos

CONSERVAÇÃO
Pode ser refrigerado por até 12 horas, mas é melhor ser consumido na hora.

EXPERIMENTE...
acrescentar manga, para um coquetel com mais fibras, cor e sabor.

RICO EM...
bactérias benéficas, betacaroteno, fibras, manganês e vitamina C.

PROPRIEDADES
O abacaxi contém bromelina, um digestor de proteína e antiinflamatório natural, benéfico para a pele e para a digestão.

Este coquetel, doce e cremoso, é um bom substituto para o sorvete, com a vantagem de não conter açúcar e gorduras saturadas. O coco fornece gorduras vegetais importantes para o bom funcionamento do sistema imunológico – elas são usadas como fonte de energia, e não armazenadas no organismo, ajudando a prevenir ganho de peso.

1 abacaxi
2 bananas
500 ml/2 xícaras de leite de coco
175 g/¾ de xícara de iogurte natural
¼ de fava de baunilha
4 damascos secos

1 Retire a coroa e descasque o abacaxi. Corte em rodelas, retire o miolo e corte em pedaços (reservando quatro pedaços para decorar).

2 Corte as bananas em pedaços e coloque no liquidificador. Junte o abacaxi, o leite de coco, o iogurte e a baunilha e bata até que a mistura esteja cremosa. Se estiver muito grossa acrescente um pouco de água.

3 Divida em quatro copos. Antes de servir, coloque os damascos e os pedaços de abacaxi em espetinhos de coquetel e ponha na borda dos copos.

explosão tropical

O alaranjado vibrante desta bebida indica que ela é rica em betacaroteno. Como o organismo absorve com mais facilidade líquidos do que sólidos, os nutrientes – entre eles as vitaminas A e C – alcançam o trato intestinal rapidamente, onde iniciam seu trabalho benéfico, auxiliando o sistema digestivo e aliviando problemas relacionados a seu mau funcionamento.

6 laranjas, 1 cortada em fatias e as outras picadas
2 mangas picadas
2 maracujás
250 ml/1 xícara de suco de maçã
suco de 1 limão

1 Bata todos os ingredientes no liquidificador.

2 Coe para remover as sementes e sirva em copos decorados com as fatias de laranja.

RENDIMENTO 4 PORÇÕES

TEMPO DE PREPARO
10 minutos

CONSERVAÇÃO
Pode ser refrigerado por até 12 horas.

EXPERIMENTE...
servir como calda para sobremesas – nesse caso, não acrescente o suco de maçã.

RICO EM...
betacaroteno e vitaminas A e C.

PROPRIEDADES
Os altos níveis de antioxidantes desta bebida fazem dela uma ótima combatente aos efeitos nocivos da poluição no organismo.

refresco cítrico

RENDIMENTO 4 PORÇÕES

TEMPO DE PREPARO + COZIMENTO
10 + 5 minutos + resfriamento

CONSERVAÇÃO
Pode ser refrigerado por até 24 horas.

EXPERIMENTE...
acrescentar algumas gotas de equinácea para ajudar no combate a doenças.

RICO EM...
antioxidantes e vitamina C.

PROPRIEDADES
A vitamina C circula em todas as partes aquosas do organismo, protegendo as células, os tecidos e as juntas.

Para fortalecer o sistema imunológico e combater resfriados e outras doenças, as crianças necessitam ingerir uma quantidade alta de vitamina C. As frutas cítricas também possuem um antioxidante potente, chamado limoneno, que tem demonstrado ser tão eficaz quanto a vitamina C no combate aos radicais livres e tem efeito duradouro na prevenção de doenças e inflamações.

8 limões-sicilianos
2 limões
6 laranjas
3 grapefruits
600 ml/2½ xícaras de água
225 g/1 xícara de açúcar mascavo
cubos de gelo (opcional)

1 Rale a casca de um limão, um limão-siciliano e uma laranja. Coloque 1 colher (chá) de cada uma em uma panela. Esprema todas as frutas, retirando o máximo de suco possível, e descarte as cascas.

2 Despeje o suco na panela e acrescente a água e o açúcar. Aqueça em fogo baixo até o açúcar dissolver e ferva por 5 minutos.

3 Retire do fogo, deixe esfriar e leve à geladeira por no mínimo 4 horas. Sirva com cubos de gelo, se desejar.

40

chá de maçã com especiarias

Este chá pode ser encontrado em supermercados e lojas de produtos naturais. Os chás de frutas são um refresco delicioso quando servidos frios. Esta receita é muito refrescante, e a fruta pode ser substituída de acordo com o gosto da criança.

2 paus de canela
1 limão cortado em fatias
4 saquinhos de chá de maçã com especiarias
1 litro/4 xícaras de água fervente
1 maçã sem sementes picada
115 g/½ xícara de acerola congelada
cubos de gelo (opcional)

1 Coloque os paus de canela, as fatias de limão e os saquinhos de chá em uma jarra de vidro.

2 Acrescente a água fervente e deixe esfriar por 30 minutos. Leve à geladeira até o dia seguinte.

3 Antes de servir, junte a maçã, a acerola congelada e, se desejar, os cubos de gelo. Sirva em copos.

RENDIMENTO 4 PORÇÕES

TEMPO DE PREPARO
35 minutos + resfriamento

CONSERVAÇÃO
Pode ser mantido em geladeira por até 3 dias.

EXPERIMENTE...
servir em festas, em almoços ao ar livre e no chá da tarde.

RICO EM...
antioxidantes.

PROPRIEDADES
A canela ajuda a equilibrar o nível de açúcar no sangue, o que a torna perfeita como substituta do açúcar no preparo de bebidas.

41

batata-doce crocante

RICO EM...
betacaroteno, fibras e vitamina A.

PROPRIEDADES
A batata-doce é uma boa alternativa à batata comum porque libera seus açúcares mais lentamente, ajudando a manter o equilíbrio do nível de açúcar no sangue.

Este prato repleto de nutrientes é a substituição ideal para as batatas chips, que são bem menos saudáveis. A batata-doce é rica em vitamina A, benéfica para o cérebro. Além disso, tem a grande vantagem de equilibrar o nível de açúcar no sangue. Assadas com

azeite de oliva, a batata-doce fatiada é muito mais saudável do que frita, pois a fritura pode produzir radicais livres. O iogurte, que serve como molho, fornece bactérias benéficas à saúde.

2 batatas-doces grandes descascadas e cortadas em fatias
4 colheres (sopa) de azeite de oliva
¼ de colher (chá) de sal marinho
225 g/1 xícara de iogurte natural
25 g/⅓ de xícara de coentro picado
½ colher (chá) de orégano

1 Preaqueça o forno a 220°C. Arrume as fatias de batata-doce em uma fôrma refratária.

2 Regue com o azeite e tempere com sal. Asse por 30-40 minutos, até que a batata esteja macia.

3 Misture o iogurte com o coentro e o óregano e sirva em uma molheira à parte como acompanhamento das batatas.

RENDIMENTO 2 PORÇÕES

TEMPO DE PREPARO + COZIMENTO
10 + 40 minutos

CONSERVAÇÃO
Pode ser refrigerado por até 2 dias.

EXPERIMENTE...
servir com homus, molho de tomate ou coalhada temperada com cebolinha picada – excelente para levar na lancheira.

Algumas crianças toleram melhor iogurtes com lactobacilos vivos do que os tradicionais.

bolacha de arroz com homus

RENDIMENTO 2 PORÇÕES

TEMPO DE PREPARO
5 minutos

CONSERVAÇÃO
Pode ser guardado em lugar seco por até 4 horas, mas é melhor se for consumido na hora.

EXPERIMENTE...
servir com salada e cuscuz marroquino, para um almoço leve.

RICO EM...
fibras, gorduras monoinsaturadas e vitaminas C e do complexo B.

PROPRIEDADES
O homus e os vegetais possuem propriedades antiinflamatórias e antioxidantes – como as da famosa dieta mediterrânea que inspirou esta receita.

As bolachas de arroz podem ser o lanche ideal, porque possuem muito mais fibras do que a maioria dos outros biscoitos, mas a criança deve consumi-la com uma fonte de proteína, como o homus desta receita, para diminuir a liberação de açúcar das bolachas.

4 bolachas de arroz (à venda em lojas de produtos naturais e orientais)
115 g/½ xícara de homus
1 pimentão vermelho sem sementes cortado em tiras
8 azeitonas pretas sem sementes cortadas ao meio
4 ramos de manjericão

1 Espalhe o homus nas bolachas de arroz e, por cima de cada uma, coloque 3 a 4 tiras de pimentão.
2 Decore com as azeitonas pretas e os ramos de manjericão e sirva imediatamente.

43

dip vegetariano

Não há maneira mais simples de comer vegetais do que ingeri-los na sua forma mais natural – crua. Fazer com que seu filho se habitue a comer vegetais crus pode fazer maravilhas pela saúde dele, já que os nutrientes não foram destruídos pela cocção e as fibras estão quase intactas. Até mesmo o ato de mastigar os vegetais é importante para dentes jovens, além de ativar a circulação dos sucos digestivos.

100 g/½ xícara de iogurte natural (ou coalhada)
1 punhado de cebolinha bem picadinha
3 cenouras cortadas em palitos
100 g/½ xícara de ervilha-torta
50 g de rabanetes
½ pepino cortado em palitos
½ pimentão vermelho sem sementes cortado em tiras
½ pimentão amarelo sem sementes cortado em tiras
6 talos de salsão limpos cortados em palitos

1 Em uma tigela pequena, misture o iogurte e a cebolinha.

2 Coloque a tigela no centro de um prato grande e em volta disponha os vegetais, alternando as cores.

RENDIMENTO 2 PORÇÕES

TEMPO DE PREPARO
10 minutos

CONSERVAÇÃO
Os vegetais podem ser refrigerados por até 24 horas se imersos em uma vasilha com água fria.

EXPERIMENTE...
colocar na lancheira como alternativa aos sanduíches com pão à base de trigo.

RICO EM...
antioxidantes, betacaroteno, fibras, potássio e vitaminas A, C e do complexo B.

PROPRIEDADES
Os vegetais auxiliam na desintoxicação e alcalinização do organismo: o equilíbrio ácido-alcalino auxilia o organismo a trabalhar com eficácia.

44

salsão recheado

RENDIMENTO 2 PORÇÕES

TEMPO DE PREPARO
5 minutos

CONSERVAÇÃO
Podem ser refrigerados por até 24 horas.

EXPERIMENTE...
servir com as Bolachas de arroz com salmão cremoso (ver p. 39).

RICO EM...
cálcio, fibras, magnésio, potássio e vitaminas do complexo B.

PROPRIEDADES
As fibras contidas no salsão, no homus e no coentro ajudam a remover as toxinas do organismo, constituindo um perfeito lanche desintoxicador.

O salsão ajuda a criança a desacelerar, porque possui um efeito calmante em todo o sistema nervoso – e, além disso, é preciso mastigá-lo bastante. Ele contém uma substância chamada apigenina, que relaxa os vasos sanguíneos e tem sido usada há séculos como um tradicional remédio para dormir – o lanche perfeito para aqueles momentos tensos em família!

4 talos de salsão limpos e cortados em pedaços grandes
115 g/½ xícara de homus
25 g/⅓ de xícara de hortelã fresca picada

1 Recheie os talos de salsão com o homus.

2 Coloque em um prato e espalhe por cima a hortelã picada.

45

patê de nozes-pecãs

As nozes-pecãs fazem sucesso entre as crianças, devido à textura cremosa e ao sabor adocicado. Seu sabor pronunciado permite que acrescentemos ao patê outros ingredientes benéficos, como salsinha e alfafa, sem que a criança os perceba.

175 g/1 xícara de pecãs
2 cenouras raspadas e raladas
115 g/½ xícara de brotos de alfafa
1 colher (sopa) de azeite de oliva
½ colher (chá) de sal
55 g/½ xícara de salsinha picada

1 Bata as pecãs no processador até que fiquem bem moídas. Junte as cenouras e os brotos de alfafa.

2 Processe por mais 1 minuto e junte o azeite, o sal e a salsinha.

3 Bata até obter uma consistência homogênea; se necessário, acrescente mais azeite.

As nozes-pecãs podem ser substituídas por castanhas-do-pará ou castanhas-de-caju, que tem as mesmas propriedades medicinais.

RENDIMENTO 2 PORÇÕES

TEMPO DE PREPARO
5 minutos

CONSERVAÇÃO
Pode ser refrigerado por até 5 dias.

EXPERIMENTE...
servir com biscoitos de arroz ou pão de centeio, para fazer um verdadeiro "lanche do bom humor".

RICO EM...
betacaroteno, fibras, magnésio, ômega-3, ômega-6, potássio, vitaminas do complexo B e zinco.

PROPRIEDADES
As nozes-pecãs contêm gorduras monoinsaturadas e ômega-6, que ajudam a proteger o organismo contra os malefícios das gorduras saturadas.

RICO EM...
ácido fólico, fibras, lisina e vitaminas B1 e B5.

PROPRIEDADES
O milho é rico em lisina, um aminoácido que ajuda a combater viroses.

pipoca com canela

Esta versão saudável da famosa pipoca é uma excelente opção para agradar tanto a você como a seu filho. O milho contém muita fibra, o que ajuda na eliminação de toxinas do organismo, além de favorecer a estabilização do açúcar no sangue. A canela é a alternativa perfeita para o açúcar: pesquisas têm

demonstrado que ela simula a ação da insulina, ajudando na transferência dos açúcares do milho (e de outros alimentos) da corrente sanguínea para dentro das células, de modo a promover o equilíbrio dos níveis de açúcar.

2 colheres (sopa) de azeite de oliva
55 g/⅓ de xícara de milho de pipoca
55 g/3½ colheres (sopa) de manteiga
1 colher (chá) de canela em pó

1 Aqueça o azeite em uma panela média. Junte a pipoca, tampe a panela e sacuda de vez em quando, até parar de estourar. Retire do fogo e deixe tampado por alguns minutos.
2 Derreta a manteiga em uma panelinha antiaderente. Junte a canela e misture.
3 Coloque a pipoca em uma vasilha, tempere com a manteiga de canela e sirva.

RENDIMENTO 2 PORÇÕES

TEMPO DE PREPARO + COZIMENTO
5 + 10 minutos

CONSERVAÇÃO
Pode ser guardado por até 3 dias em um recipiente hermeticamente fechado.

EXPERIMENTE...
colocar na lancheira no lugar de chocolate ou salgadinhos.

As pipocas orgânicas contêm menos substâncias químicas que a pipoca comum.

biscoitos de amendoim

RENDIMENTO 18 UNIDADES

TEMPO DE PREPARO + COZIMENTO
10 + 15 minutos

CONSERVAÇÃO
Os biscoitos podem ser guardados por até uma semana em recipiente hermeticamente fechado; a massa pode ser congelada crua por até 3 meses.

EXPERIMENTE...
servir com sorvete. Quebre os biscoitos em pedaços e utilize para decorar o sorvete de creme, por exemplo.

RICO EM...
fibras, potássio, proteína, triptofano e vitaminas do complexo B.

PROPRIEDADES
O amendoim é uma boa fonte de vitaminas do complexo B (incluindo ácido fólico e vitamina B3) e triptofano, tornando esta receita excelente para o humor e para o cérebro.

Para preparar estes biscoitos da maneira mais saudável possível, procure utilizar pasta de amendoim integral (disponível em lojas de produtos naturais), a fim de diminuir a agitação excessiva que o açúcar dos biscoitos proporciona. O amendoim integral é rico em proteínas e fibras.

115 g/½ xícara de manteiga
115 g/½ xícara de açúcar mascavo
3 colheres (sopa) de pasta de amendoim integral
1 banana
150 g/1⅓ xícara de farinha de centeio

1 Preaqueça o forno a 190°C. Coloque a manteiga, o açúcar e a pasta de amendoim em uma panela pequena e leve ao fogo baixo até derreter.

2 Em uma vasilha, amasse a banana com um garfo e junte a farinha e a mistura de manteiga. Mexa até obter uma massa viscosa.

3 Faça bolinhas do tamanho de uma casca de noz e coloque em uma assadeira untada, pressionando levemente e deixando um bom espaço entre os biscoitos. Asse por 10-15 minutos, até dourarem.

purê de damasco com maçã

Servir frutas no lanche ajuda a alcançar a quantidade diária que seu filho necessita de frutas e vegetais. Os purês de frutas são ótimas opções sem açúcar.

250 ml/1 xícara de água
2 maçãs descascadas, sem sementes e cortadas em pedaços
115 g/½ xícara de damasco seco
225 g/1 xícara de iogurte natural

1 Coloque a água em uma panela pequena e acrescente as maçãs e o damasco.

2 Deixe ferver e cozinhe por 10 minutos, até que as frutas estejam tenras. Retire do fogo, deixe esfriar por 10 minutos e bata no liquidificador até obter um purê. Leve à geladeira por 30-40 minutos.

3 Divida o iogurte em tigelinhas e despeje por cima uma quantidade igual de purê.

RENDIMENTO 4 PORÇÕES

TEMPO DE PREPARO + COZIMENTO
15 + 10 minutos + resfriamento

CONSERVAÇÃO
O purê pode ser mantido em geladeira por até 4 dias.

EXPERIMENTE...
servir como cobertura para sobremesas ou acrescente sementes e iogurte para fazer um café-da-manhã crocante e cremoso.

RICO EM...
betacaroteno, fibras, manganês e vitaminas A, C e K.

PROPRIEDADES
As maçãs contêm pectina, uma fibra particularmente efetiva na eliminação de toxinas do organismo e na regulação da função intestinal.

49

lanche árabe

Castanhas-do-pará, castanhas-de-caju, nozes, amêndoas, uvas-passas e ameixas-pretas são ideais para o lanche porque possuem proteínas, fibras, vitaminas e minerais em abundância. As passas e as ameixas são uma boa alternativa para balas e biscoitos.

RENDIMENTO 4 PORÇÕES

TEMPO DE PREPARO
5 minutos + 12 horas de molho

CONSERVAÇÃO
Guarde a mistura em água na geladeira por até 3 dias, mudando a água freqüentemente.

EXPERIMENTE...
o delicioso leite de amêndoas ou de castanhas. Coloque as amêndoas ou castanhas-do-pará picadas no processador com um pouco de água e bata até ficar homogêneo.

RICO EM...
cálcio, fibras, magnésio, vitaminas E e do complexo B e zinco.

PROPRIEDADES
As amêndoas são ricas em zinco e vitamina E, ambos importantes para a saúde da pele, ajudando na cura e prevenção de acnes, eczema, psoríase e dermatite.

85 g/½ xícara de amêndoas ou castanhas-do-pará
85 g/½ xícara de castanhas-de-caju
85 g/½ xícara de uvas-passas

1 Coloque as uvas-passas em uma vasilha e cubra com água.

2 Leve à geladeira por 12 horas. Após as 6 primeiras horas, escorra a água e cubra com água fresca.

3 Terminadas as 12 horas, escorra, acrescente os outros ingredientes e sirva em pratinhos para aperitivo.

barrinhas crocantes de müsli

Seus filhos vão amar estas barrinhas. As nozes e as sementes fornecem proteína, enquanto a aveia assegura que a liberação de açúcar seja lenta o suficiente para saciar a vontade de comer doce sem elevar muito o nível de açúcar no sangue nem deixar as crianças muito agitadas.

115 g/½ xícara de manteiga
55 g/¼ de xícara de açúcar mascavo
1 colher (sopa) de melado
150 g/1½ xícara de aveia em flocos
55 g/⅓ de xícara de nozes-pecãs
55 g/½ xícara de sementes de girassol
55 g/⅓ de xícara de uvas-passas

1 Preaqueça o forno a 200°C. Coloque a manteiga, o açúcar e o melado em uma panela e aqueça em fogo baixo até que derreta.

2 Em uma vasilha, misture todos os ingredientes restantes. Junte a manteiga com o açúcar e o melado e mexa bem.

3 Coloque a massa em uma assadeira antiaderente, apertando com os dedos; faça incisões com uma faca marcando quadrados de 5 cm de lado e asse por 20 minutos ou até dourarem.

RENDIMENTO 12 UNIDADES

TEMPO DE PREPARO + COZIMENTO
10 + 20 minutos

CONSERVAÇÃO
As barrinhas podem ser guardadas por até uma semana em recipiente hermeticamente fechado; a massa pode ser congelada crua por até 3 meses.

EXPERIMENTE...
servir com iogurte para um café-da-manhã rápido.

RICO EM...
cálcio, ferro, fibras, magnésio, ômega-6, vitaminas C e do complexo B e zinco.

PROPRIEDADES
O melado é o melhor substituto do açúcar por conter diversos minerais, incluindo o ferro, que não se encontra no açúcar comum. Além disso, tem a propriedade de melhorar o humor.

JANTAR

O jantar não precisa ser nenhuma solenidade, ainda mais se lembrarmos que ele ocorre no momento do dia em que todos estão cansados. Você encontrará aqui algumas sugestões que deixarão seu filho relaxado para a noite. Todas as receitas deste capítulo ajudam a criança a se acalmar. Para que isso ocorra, o ideal é que o jantar seja servido o mais cedo possível, possibilitando uma digestão completa antes da hora de dormir. Apesar de muitas vezes considerarmos o jantar a refeição mais importante do dia, o ideal é que o café-da-manhã seja substancioso, o almoço nutritivo e o jantar leve – isso vale tanto para adultos quanto para crianças. Entretanto, se o almoço foi um lanche, o jantar deve assegurar que a criança ingira todos os nutrientes essenciais daquele dia.

omelete de cogumelos

RENDIMENTO 2 PORÇÕES

TEMPO DE PREPARO + COZIMENTO
5 + 15 minutos

CONSERVAÇÃO
Sirva imediatamente.

EXPERIMENTE...
servir com a Salada camponesa crocante (ver p. 92).

RICO EM...
cálcio, magnésio, triptofano e vitaminas K e do complexo B.

PROPRIEDADES
O queijo de cabra pode ser uma alternativa saudável ao queijo de leite de vaca por ser de fácil digestão e rico em triptofano, que auxilia na fabricação da serotonina, "o hormônio da felicidade".

As omeletes são uma excelente maneira de agregar muitos ingredientes saudáveis. Esta receita fornece todos os nutrientes necessários para um bom desempenho cerebral e ajuda a proporcionar um bom sono.

5 ovos
¼ colher (chá) de sal
1 colher (chá) de orégano
80 ml/⅓ de xícara de leite
1 colher (sopa) de azeite de oliva
1 cebola roxa picada
115 g/1 xícara de cogumelos frescos cortados em fatias
75 g/½ xícara de queijo de cabra picado
25 g/⅓ de xícara de salsinha picada

1 Quebre os ovos, despeje-os em uma tigela e bata com um garfo. Junte o sal, o orégano e o leite e mexa bem.

2 Aqueça metade do azeite em uma frigideira pequena e refogue a cebola e o cogumelo até que estejam macios.

3 Retire do fogo, escorra o excesso de azeite e acrescente o refogado aos ovos, mexendo bem. Aqueça o azeite restante na mesma frigideira, junte metade da mistura e cozinhe por 3-4 minutos.

4 Espalhe metade do queijo sobre a omelete e vire do outro lado. Repita a operação com o que sobrou. Coloque em pratos e salpique a salsinha por cima.

batatas recheadas

As batatas servidas com a casca possuem uma variedade de ingredientes que são perdidos quando utilizamos somente a polpa. A casca da batata também serve de cumbuca, tornando essa receita divertida para se comer.

3 batatas com a casca
8 cebolinhas verdes picadas
70 g/⅓ de xícara de iogurte natural
100 g de molho de tomate
2 ramos de coentro

1 Preaqueça o forno a 180°C. Asse as batatas por 1 h ou por 10 minutos no microondas, até que estejam tenras.

2 Corte ao meio, retire a polpa e coloque-a em uma tigela (preserve as cascas intactas). Junte a cebolinha e o iogurte e amasse com um garfo.

3 Coloque o recheio na casca das batatas, por cima disponha uma colherada de molho de tomate e um ramo de coentro e sirva.

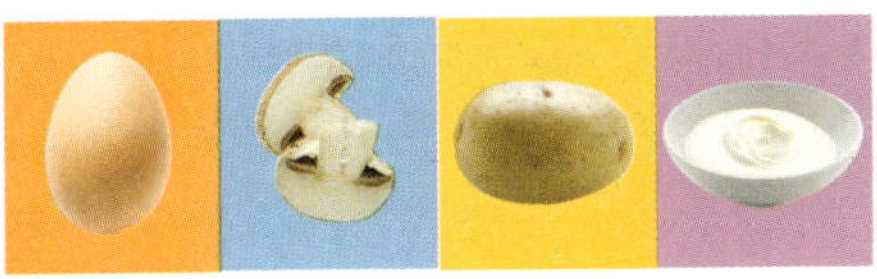

RENDIMENTO 2 PORÇÕES

TEMPO DE PREPARO + COZIMENTO
15 minutos + 1 hora

CONSERVAÇÃO
As batatas podem ser refrigeradas por 2 a 3 dias.

EXPERIMENTE...
servir com a Salada camponesa crocante (ver p. 92) ou com aspargos cozidos no vapor.

RICO EM...
bactérias benéficas, fibras, potássio e vitamina C.

PROPRIEDADES
A casca da batata contém fibra, que ajuda a manter o sistema digestório saudável. A maior parte da vitamina C (excelente para o sistema imunológico) é encontrada bem junto à casca, por isso, prefira as orgânicas.

bolinhos dourados de batata-doce

RENDIMENTO 12 A 15 BOLINHOS

TEMPO DE PREPARO + COZIMENTO
10 + 25 minutos

CONSERVAÇÃO
A massa crua pode ser refrigerada por até 3 dias ou congelada por até 1 mês.

EXPERIMENTE...
servir com picles de cebola ou com coalhada misturada com um pouco de cebolinha verde.

RICO EM...
betacaroteno, fibras, magnésio e vitaminas A e do complexo B.

PROPRIEDADES
O coentro possui a reputação de erva antidiabética por sua habilidade de equilibrar o nível de açúcar do sangue; também é rico em substâncias antiinflamatórias.

Estes fantásticos bolinhos são ótimos para servir como aperitivos ou no lanche. A batata-doce pode saciar a vontade de comer doce, enquanto auxilia a regular o nível de açúcar no sangue e a acalmar o sistema nervoso. Prepare uma fornada e sirva à noite, quando a criança necessita se acalmar.

2 batatas-doces grandes descascadas e picadas
200 g/1 xícara de grão-de-bico cozido
1½ colher (sopa) de azeite de oliva
1 colher (sopa) de coentro em grão
2 colheres (sopa) de mostarda de Dijon

1 Encha uma panela com água pela metade, ferva e junte as batatas. Tampe e cozinhe por 15-20 minutos, até que estejam macias.

2 Escorra, coloque em uma vasilha e junte o grão-de-bico, uma colher de azeite, o coentro e a mostarda. Amasse bem (ou bata em um processador) e forme 12 a 15 bolinhas.

3 Aqueça o resto do azeite em uma frigideira e coloque 1 bolinha por vez, achatando um pouco com uma espátula. Deixe dourar, vire e doure do outro lado.

sanduíches coloridos

O peru é a carne que possui menos gorduras saturadas e é muito rica em triptofano – o que provavelmente justifica o sono que sentimos depois da ceia de Natal! Estes sanduíches são muito fáceis de preparar, deixarão a criança saciada e proporcionarão um sono profundo.

100 g de peito de peru
2 bagels integrais ou com gergelim (ou fatias de pão de fôrma integral)
2 colheres (sopa) de maionese
2 colheres (sopa) de geléia de framboesa ou morango (sem adição de açúcar)
2 punhados/½ maço de rúcula
2 ramos de coentro
2 cebolinhas verdes

1 Preaqueça o forno em temperatura alta. Coloque o peito de peru em uma assadeira e leve ao forno, virando de vez em quando, até que esteja dourado e bem cozido por dentro. Retire do fogo, deixe esfriar e corte em fatias finas. Corte os bagels ao meio e torre ligeiramente.
2 Espalhe a geléia na parte de baixo dos bagels e por cima disponha as fatias de peito de peru, a rúcula e os ramos de coentro. Espalhe a maionese na parte superior do pão.
3 Corte as cebolinhas verdes em 4 partes e cada parte pela metade no sentido do comprimento. Arrume sobre a maionese e feche os sanduíches. Corte ao meio e sirva.

RENDIMENTO 2 PORÇÕES

TEMPO DE PREPARO + COZIMENTO
10 + 15 minutos

CONSERVAÇÃO
Pode ser refrigerado por até 1 dia.

EXPERIMENTE...
servir com fatias de abacate ou tomate-cereja.

RICO EM...
proteína, selênio, triptofano e vitaminas B3 e B6.

PROPRIEDADES
O peru é uma fonte excelente de selênio, crucial para o fígado e para a produção de enzimas antioxidantes.

trouxinhas de atum

Esta é uma receita fácil de preparar que as crianças adoram. É rica em proteínas e nutrientes, incluindo manganês, que favorece o equilíbrio do nível de açúcar no sangue – fator fundamental para um sono profundo e ininterrupto ao longo da noite.

RENDIMENTO 2 PORÇÕES

TEMPO DE PREPARO + COZIMENTO
10 + 5 minutos

CONSERVAÇÃO
Refrigere e coma frio no mesmo dia.

EXPERIMENTE...
servir com Pimentões assados (ver p. 110).

RICO EM...
manganês, proteínas, vitaminas K e do complexo B e zinco.

PROPRIEDADES
O pão sírio integral fornece mais ingredientes do que a versão branca; por exemplo, cerca de 70% do magnésio é perdido na refinação da farinha (feita para torná-la branca).

4 pães sírios integrais
2 latas (150 g cada) de atum em conserva escorrido
6 cebolinhas verdes picadas
25 g/⅓ de xícara de salsinha picada
115 g/⅔ de xícara de queijo de cabra (ou branco)

1 Preaqueça o forno em temperatura moderada. Corte os pães ao meio e aqueça-os no forno.

2 Em uma vasilha, misture bem o atum, a cebolinha, a pimenta e a salsinha. Abra os pães ao meio, formando trouxinhas, e disponha a mistura de atum.

3 Pique o queijo e espalhe-o sobre os pães. Leve ao forno para derreter e sirva.

canapés de sardinha

Apesar de ser preferível servir sempre alimentos frescos, às vezes, para uma refeição rápida, é conveniente utilizar alimentos industrializados. As sardinhas são uma excelente fonte de ômega-3, cujos níveis não são afetados pelo processamento industrial.

4 fatias de pão de fôrma integral
manteiga
½ lata de sardinha ao molho de tomate
25 g/⅓ de xícara de salsinha picada
4 ramos de salsinha

1 Preaqueça o forno em temperatura moderada e aqueça os pães. Passe manteiga em um dos lados das fatias e corte cada uma na diagonal, formando dois triângulos.

2 Em uma vasilha, coloque a sardinha e a salsinha e amasse com um garfo. Espalhe nos pães.

3 Leve ao forno novamente e asse por 5-7 minutos, até que dourem. Coloque em pratos individuais e decore com os ramos de salsinha.

RENDIMENTO 2 PORÇÕES

TEMPO DE PREPARO + COZIMENTO
5 + 5 minutos

CONSERVAÇÃO
Sirva imediatamente.

EXPERIMENTE...
servir na hora do lanche ou com uma salada leve.

RICO EM...
cálcio, ferro, licopeno, ômega-3, potássio, vitaminas K e do complexo B e zinco.

PROPRIEDADES
A proteína contida no peixe é de excelente qualidade e de fácil absorção, o que ajuda a manter a saúde do trato digestivo.

57

salada camponesa crocante

A beterraba é colorida, atraente e doce, além de ser repleta de antioxidantes, o que a torna um alimento extremamente saudável.

RENDIMENTO 2 PORÇÕES

TEMPO DE PREPARO + COZIMENTO
10 + 5 minutos

CONSERVAÇÃO
Pode ser refrigerado por até 1 dia.

EXPERIMENTE...
servir com Quiche de cogumelo e espinafre (ver p. 111) ou Pimentões assados (ver p. 110).

RICO EM...
ácido fólico, antioxidantes, antocianidina, betacianina, fibras, ômega-6, potássio e vitaminas do complexo B.

PROPRIEDADES
A beterraba contém betacianina, responsável pelo tom arroxeado, e um agente desintoxicante altamente eficaz.

115 g/½ xícara de ervilhas
115 g/1⅓ xícara de rúcula
½ cebola roxa fatiada
1 beterraba cozida e ralada
2 talos de salsão picados
4 tomates cortados em rodelas
25 g/⅓ xícara de sementes de girassol
4 colheres (sopa) de azeite de oliva
1 colher (chá) de raiz-forte
1 colher (chá) de mel
1 colher (chá) de orégano

1 Encha uma panela com água pela metade, ferva e junte as ervilhas. Tampe e cozinhe em fogo baixo por 5 minutos, até que estejam macias. Retire do fogo, escorra e deixe esfriar.
2 Coloque a rúcula em uma saladeira e acrescente a cebola, a beterraba, o salsão, o tomate e as ervilhas. Por cima espalhe as sementes de girassol.
3 Em uma tigela pequena, misture o azeite, a raiz-forte, o mel e o orégano. Regue a salada com o molho e sirva.

58

salada vibrante de feijão

Um prato colorido é sempre atraente para as crianças e este é um verdadeiro arco-íris! Trata-se de uma combinação de "superalimentos", ideal para ser ingerida toda semana, pois vai beneficiar a saúde e proporcionar o bem-estar da criança.

3 colheres (sopa) de azeite de oliva
2 abobrinhas cortadas e fatiadas
2 pés de alface
115 g/½ xícara de brotos de alfafa
2 beterrabas pequenas raladas
400 g de feijões variados cozidos (branco, preto, roxinho)
1 abacate fatiado
100 g de tomates-cereja cortados ao meio
1 colher (chá) de orégano
2 colheres (sopa) de vinagre balsâmico
25 g/⅓ de xícara de salsinha picada

1 Aqueça 1 colher de azeite em uma wok. Refogue as abobrinhas até que dourem e retire do fogo.

2 Em uma saladeira, arrume as folhas de alface, os brotos de alfafa, as beterrabas, os feijões e o abacate. Por cima espalhe os tomates-cereja e as abobrinhas refogadas.

3 Tempere com o orégano, o vinagre balsâmico e o resto do azeite; decore com a salsinha e sirva.

RENDIMENTO 4 PORÇÕES

TEMPO DE PREPARO + COZIMENTO
10 + 5 minutos

CONSERVAÇÃO
Consuma imediatamente.

EXPERIMENTE...
servir com Bolinhos dourados de batata-doce (ver p. 88).

RICO EM...
antioxidantes, fibras, gorduras monoinsaturadas, magnésio, vitaminas do complexo B e zinco.

PROPRIEDADES
O abacate é rico em fibras e uma ótima fonte das benéficas gorduras monoinsaturadas, que possuem propriedades antiinflamatórias, promovendo uma boa circulação e um coração saudável.

pizza sorriso

RICO EM...
licopeno, luteína, proteínas e vitamina C.

PROPRIEDADES
A gama de cores desta pizza representa a variedade de substâncias químicas vegetais que ela fornece – substâncias que protegem o sistema imunológico da criança.

Tomate, cebola e pimentão contêm vários antioxidantes, incluindo vitamina C, vitamina A e carotenóides, que protegem o cérebro em desenvolvimento. A pizza também é uma boa fonte de vitamina B6 e ácido fólico, vitais para regular o humor durante o dia.

2 mini-pizzas de mussarela
4 rodelas de cebola roxa
2 triângulos de queijo branco
100 g de lingüiça calabresa cortada em rodelas
½ pimentão vermelho sem sementes e finamente fatiado
½ pimentão amarelo sem sementes finamente fatiado
2 azeitonas recheadas com pimentão
1 colher (chá) de orégano
10 g de rúcula
10 tomates-cereja cortados ao meio
vinagre balsâmico

1 Preaqueça o forno a 220°C. Coloque os discos de pizza em uma assadeira antiaderente.

2 Modele uma carinha: faça os olhos com as rodelas de cebola. Para o nariz, coloque um triângulo de queijo branco em cada pizza. Arrume as rodelas de lingüiça calabresa formando um sorriso e alterne as fatias de pimentão para o cabelo. Corte as azeitonas ao meio e coloque no centro das rodelas de cebola para criar as pupilas.

3 Tempere com o orégano e asse por 15 minutos.

4 Coloque a rúcula e o tomate-cereja em uma saladeira, tempere com o vinagre balsâmico e sirva como acompanhamento para as pizzas.

RENDIMENTO 2 PORÇÕES

TEMPO DE PREPARO + COZIMENTO
10 + 15 minutos

CONSERVAÇÃO
Podem ser refrigeradas por até 3 dias.

EXPERIMENTE...
incluir atum na pizza, para uma refeição mais substanciosa, que manterá um nível de energia alto e estável.

O queijo branco pode ser substituído por uma fatia triangular de tomate para formar o nariz.

peito de peru agridoce

RENDIMENTO 2 PORÇÕES

TEMPO DE PREPARO + COZIMENTO
5 + 15 minutos

CONSERVAÇÃO
Consuma imediatamente.

EXPERIMENTE...
servir com Batatas com hortelã e castanhas (ver p. 116).

RICO EM...
fibras, magnésio, proteínas, triptofano e vitaminas A, K e do complexo B.

PROPRIEDADES
A vagem é uma ótima maneira de as crianças obterem altos níveis de vitaminas A e K, essenciais para a formação dos ossos.

Rápida e fácil de preparar, esta receita é saborosa, bonita e rica em nutrientes que melhoram o funcionamento cerebral e ajudam na recuperação de um dia puxado na escola. As crianças vão adorar a doçura da geléia e a textura crocante dos feijões.

55 g/3½ colheres de sopa de manteiga
280 g de peito de peru
115 g/1 xícara de vagem
½ colher (sopa) de azeite de oliva
4 cebolinhas picadas
2 dentes de alho fatiados
suco de 1 limão
4 colheres (sopa) de geléia de uva ou morango (sem adição de açúcar)
25 g/⅓ de xícara de salsinha picada

1 Aqueça a manteiga em uma frigideira, junte o peito de peru e doure em fogo baixo dos dois lados, até que esteja completamente cozido.

2 Encha uma panela com água pela metade, junte a vagem e cozinhe em fogo baixo por 7 minutos. Escorra e reserve.

3 Em outra panela, aqueça o azeite, refogue a cebolinha e o alho por 30 segundos, junte o suco de limão e a geléia e cozinhe em fogo baixo por 2 minutos.

4 Disponha os filés em pratos individuais, despeje o molho por cima, decore com a salsinha picada e sirva com a vagem à parte.

curry de frango

O curry pode parecer forte para as crianças, mas elas vão adorar esta versão suave e adocicada, feita com ingredientes naturais.

300 g/2 xícaras de arroz integral
25 g/1½ colher de sopa de manteiga
3 peitos de frango (150 g cada) cortados em tiras
2 cebolas pequenas cortadas em fatias
2 dentes de alho esmagados
1 colher (sopa) de coentro em grão
55 g/½ xícara de castanhas-de-caju
55 g/½ xícara de uvas-passas
150 g/1½ xícara de espinafre
500 ml/2 xícaras de água
1 cubinho de caldo de legumes
2 colheres (sopa) de chutney de manga
250 ml/1 xícara de leite de coco

1 Encha uma panela com água pela metade, ferva e junte o arroz. Tampe e cozinhe em fogo baixo por 15-20 minutos, até o arroz ficar macio.

2 Aqueça a manteiga em uma panela. Acrescente o frango e doure bem de todos os lados em fogo baixo. Junte a cebola e o alho e refogue até ficarem macios.

3 Adicione o coentro, as castanhas, as passas, o espinafre, a pimenta, a água e o caldo de legumes e cozinhe em fogo baixo por 15 minutos, mexendo de vez em quando. Acrescente os dois ingredientes restantes e cozinhe por mais 3-5 minutos. Retire o arroz do fogo, escorra e sirva em pratos individuais com o curry de frango.

RENDIMENTO 4 PORÇÕES

TEMPO DE PREPARO + COZIMENTO
5 + 20 minutos

CONSERVAÇÃO
Pode ser refrigerado por 2 a 3 dias ou congelado por até 1 mês.

EXPERIMENTE...
servir como sopa; para isso, bata no liquidificador.

RICO EM...
ácido fólico, fibras, gorduras benéficas (triglicerídeos, que o organismo utiliza como energia), magnésio, proteína e triptofano.

PROPRIEDADES
O coco contém ácido láurico, ótimo contra doenças e infecções.

salsicha assada com mel

RENDIMENTO 4 PORÇÕES

TEMPO DE PREPARO + COZIMENTO
10 + 20 minutos

CONSERVAÇÃO
As salsichas cozidas podem ser refrigeradas por 24 horas, no máximo.

EXPERIMENTE...
preparar a receita com mini-salsichas cozidas, para servir em festas.

RICO EM...
ácido fólico, magnésio, potássio, proteína e selênio.

PROPRIEDADES
As sementes de mostarda são parentes do brócolis e do repolho e possuem propriedades benéficas similares para o fígado, ajudando o organismo de seu filho na eliminação de toxinas.

O purê de batata sacia o estômago das crianças e, devido à proteína das salsichas, a absorção dos açúcares da batata é feita mais lentamente. Escolha salsichas de boa qualidade.

500 g de batatas descascadas e cortadas em pedaços
4 colheres (sopa) de mel
6 colheres (sopa) de mostarda escura
8 salsichas
115 g/1 xícara de ervilhas cozidas
80 ml/⅓ de xícara de leite
15 g/1 colher (sopa) de manteiga

1 Preaqueça o forno a 190°C. Encha uma panela com água pela metade, ferva e junte as batatas. Tampe e cozinhe por 15-20 minutos, até ficarem macias.

2 Misture o mel e a mostarda em uma tigela pequena. Fure as salsichas com um garfo e arrume-as em uma fôrma refratária. Espalhe a mistura de mel e asse por 20 minutos ou até ficarem cozidas.

3 Escorra o excesso de água das batatas, passe pelo espremedor e coloque na panela novamente. Acrescente o leite e a manteiga e misture bem. Retire a salsicha do forno e sirva com o purê e as ervilhas.

almôndegas da mamma

Estas almôndegas são preparadas com carne moída magra, sementes, ovos e ervas – ingredientes que as tornam nutritivas e deliciosas.

1 cebola picada
1 alho-poró limpo e cortado em rodelas
2 dentes de alho fatiados
4 fatias de pão integral sem a casca
1 colher (chá) de orégano
500 g de carne de cordeiro magra moída
55 g/⅓ de xícara de sementes de girassol
25 g/⅓ de xícara de coentro picado
25 g/⅓ de xícara de salsinha picada
1 colher (sopa) de mostarda escura
2 ovos
400 g/2⅓ xícaras de arroz integral
1/2 colher (chá) de canela em pó
200 g/1 xícara de polpa de tomate
115 g/½ xícara de purê de tomate
1 colher (sopa) de molho inglês
4 ramos de salsinha

1 Preaqueça o forno a 190°C. Em uma wok, aqueça o azeite e refogue a cebola, o alho-poró e o alho.

2 Bata o pão no processador até obter uma consistência de farofa. Coloque em uma vasilha com o orégano, a carne, as sementes, as ervas, a mostarda e os ovos, misturando bem. Faça as almôndegas, arrume numa assadeira e leve ao forno por 20-30 minutos. Coloque o arroz numa panela com água fervente e cozinhe em fogo baixo por 20 minutos. Escorra.

3 Numa panela pequena, misture a canela, a polpa e o purê de tomate com o molho inglês e aqueça em fogo baixo. Despeje sobre o arroz e as almôndegas e decore com a salsinha.

RENDIMENTO 4 PORÇÕES

TEMPO DE PREPARO + COZIMENTO
10 + 30 minutos

CONSERVAÇÃO
A massa cozida pode ser refrigerada por 1 dia.

EXPERIMENTE...
servir com purê de batata ou batata assada no lugar do arroz. As almôndegas são uma ótima alternativa para os hambúrgueres.

RICO EM...
proteína, selênio, triptofano, vitaminas B3 e B12 e zinco.

PROPRIEDADES
O cordeiro possui triptofano e é, por isso, uma ótima opção no jantar, possibilitando ao organismo fabricar serotonina para uma boa noite de sono.

costeletas de cordeiro

RENDIMENTO 2 PORÇÕES

TEMPO DE PREPARO + COZIMENTO
5 + 30 minutos

CONSERVAÇÃO
Prepare as costeletas com antecedência e refrigere por até 12 horas.

EXPERIMENTE...
servir com vagem, purê de batata e geléia de fruta sem adição de açúcar.

RICO EM...
antioxidantes, proteínas, triptofano e vitaminas C e do complexo B.

PROPRIEDADES
O cravo é bastante eficaz no combate a vírus e bactérias, além de acalmar transtornos digestivos.

Cozinhar o cordeiro no suco de laranja ajuda a tornar a carne mais digerível – as proteínas, o ferro e a vitamina B12 que ela contém serão absorvidas pelo organismo das crianças mais facilmente. Alimentos antioxidantes, como as laranjas e o alecrim, protegem o organismo contra os radicais livres, altamente prejudiciais à saúde.

500 g de costeletas de cordeiro
10 g/2 colheres de chá de manteiga
4 cravos
8 ramos de alecrim
2 laranjas (a casca ralada de uma delas e o suco das duas)
25 g/⅓ de xícara de hortelã picada

1 Preaqueça o forno a 200°C. Unte as costeletas com a manteiga e coloque em uma fôrma refratária.

2 Tempere com os cravos, o alecrim e a casca e o suco de laranja. Asse por 30 minutos, virando uma vez.

3 Retire do forno e decore com a hortelã antes de servir.

bacalhau grelhado

O bacalhau é uma excelente fonte de proteínas e não contém a quantidade de gorduras saturadas que a carne vermelha possui. É um ótimo peixe para ser preparado com vegetais, que são ricos em nutrientes, auxiliam o sistema imunológico e ajudam na digestão.

1 pimentão amarelo pequeno cortado em cubinhos
3 tomates cortados em cubinhos
½ cebola roxa bem picada
¼ de pepino cortado em cubinhos
1½ colher (sopa) de azeite de oliva
1 colher (sopa) de coentro picado
2 filés (140 g cada) de bacalhau
1/2 limão cortado em fatias

1 Preaqueça o forno a 200°C. Misture todos os vegetais em uma tigela com o azeite e o coentro.

2 Coloque os filés em uma fôrma refratária e disponha, por cima, os vegetais.

3 Cubra com papel-alumínio e asse por 15 minutos, até que o peixe esteja cozido. Decore com as fatias de limão.

RENDIMENTO 2 PORÇÕES

TEMPO DE PREPARO + COZIMENTO
10 + 15 minutos

CONSERVAÇÃO
Pode ser preparado com antecedência e refrigerado por até 6 horas antes de assar.

EXPERIMENTE...
servir com salada verde e ervilha-torta refogada com gergelim.

RICO EM...
proteínas, triptofano e vitaminas D e do complexo B.

PROPRIEDADES
O bacalhau é uma ótima fonte de triptofano e das vitaminas B3, B6 e B12 – nutrientes que favorecem a concentração, o bom humor e um sono saudável.

espetinhos de atum com ervilha-torta

RENDIMENTO 2 PORÇÕES

TEMPO DE PREPARO + COZIMENTO
10 + 10 minutos

CONSERVAÇÃO
Refrigere os espetinhos crus por 12 horas, no máximo.

EXPERIMENTE...
servir com macarrão japonês temperado com shoyu.

RICO EM...
licopeno, ômega-3, ômega-6, proteína, vitaminas do complexo B e zinco.

PROPRIEDADES
O gergelim possui uma substância chamada sesamina, que ajuda a proteger o coração e o fígado e auxilia no transporte da vitamina E (um antioxidante) para dentro do organismo.

Esta receita é uma alternativa substanciosa para pratos à base de carne – o atum possui uma textura semelhante à da carne vermelha, mas é rico em ômega-3, e não em gorduras saturadas. O óleo e as sementes de gergelim fornecem ômega-6, além de deixar a receita mais saborosa.

2 postas de atum cortadas em cubos com 2 cm de lado
16 tomates-cereja
1 colher (sopa) de raiz-forte
1 colher (sopa) de óleo de gergelim (ou girassol)
200 g/1½ xícara de ervilha-torta
1 colher (sopa) de gergelim

1 Preaqueça o forno em temperatura alta. Espete os cubos de atum e os tomates alternadamente em palitos de churrasco, pincele com a raiz-forte e asse em uma fôrma refratária por 10 minutos, ou até que estejam cozidos, virando sempre.
2 Aqueça o óleo de gergelim, junte as ervilhas-tortas e refogue por cerca de 4 minutos. Acrescente o gergelim, misture e retire do fogo.
3 Divida as ervilhas com gergelim entre dois pratos. Retire os espetinhos do forno e disponha sobre as ervilhas.

67

salmão com manga

Todos os ingredientes desta receita são campeões para o sistema imunológico por conter uma série de antioxidantes, além de compor um prato bonito e gostoso!

4 postas (140 g cada) de salmão sem pele
1 colher (sopa) de azeite de oliva
2 dentes de alho finamente fatiados
6 cebolinhas picadas
1 manga cortada em cubinhos
suco de 2 limões
1 colher (chá) de gengibre picado
3 colheres (sopa) de chutney de manga

1 Preaqueça o forno em temperatura moderada. Coloque o salmão em uma fôrma refratária e asse por 5-6 minutos de cada lado, ou até que esteja cozido.

2 Aqueça o azeite em uma panela pequena e refogue o alho e a cebolinha por 30 segundos. Junte a manga, o suco de limão, o gengibre e mexa em fogo baixo por 1 minuto. Acrescente o chutney e retire do fogo. Coloque o salmão em pratos e por cima disponha o refogado de manga.

RENDIMENTO 4 PORÇÕES

TEMPO DE PREPARO + COZIMENTO
10 + 6 minutos

CONSERVAÇÃO
O refogado de manga pode ser refrigerado por até 3 dias.

EXPERIMENTE...
servir com os Vegetais asiáticos (ver p. 118).

RICO EM...
betacaroteno, ômega-3, potássio, vitaminas A, C e do complexo B e zinco.

PROPRIEDADES
A cor bonita da manga é derivada do seu alto nível de betacaroteno, que, juntamente com o ômega-3 contido no salmão, protege a pele e beneficia o sistema imunológico.

sopa de abóbora

RENDIMENTO 2 PORÇÕES

TEMPO DE PREPARO + COZIMENTO
5 + 20 minutos

CONSERVAÇÃO
Pode ser refrigerada por até 3 dias ou congelada por até 1 mês.

EXPERIMENTE...
servir com croûtons.

RICO EM...
betacaroteno, potássio e vitaminas A e C.

PROPRIEDADES
A cor da abóbora se deve a seu alto nível de betacaroteno, que nosso organismo pode converter em vitamina A para melhorar a pele e a saúde da visão.

A abóbora é um vegetal colorido e com sabor sutil, excelente tanto para pratos doces quanto salgados. Experimente preparar esta sopa temperada com especiarias.

1 colher (sopa) de azeite de oliva
1 cebola picada
400 g de abóbora picada
600 ml/2½ xícaras de água
1 cubinho de caldo de legumes
1 colher (chá) de noz-moscada ralada
½ colher (chá) de canela em pó

1 Aqueça o azeite em uma panela grande, junte a cebola e a abóbora e refogue por 4 minutos, mexendo de vez em quando. Acrescente a água, o cubinho de caldo, a noz-moscada e a canela em pó.

2 Tampe e cozinhe em fogo baixo por 10-15 minutos, até que a abóbora esteja macia. Retire do fogo e deixe esfriar.

3 Bata no liquidificador até ficar homogêneo.

69

V

sopa de ervilha com hortelã

As ervilhas são um alimento muito saudável – mesmo congeladas, elas mantêm suas propriedades nutricionais quase intactas. As sopas são uma ótima maneira de suprir a necessidade de nutrientes no organismo em desenvolvimento, pois são absorvidas facilmente pelo organismo.

25 g/1 colher (sopa) + 2 colheres (chá) de manteiga
6 cebolinhas verdes picadas
600 ml/2½ xícaras de água
280 g/2½ xícaras de ervilhas
25 g/⅓ de xícara de folhas de hortelã picadas
1 cubinho de caldo de legumes
2 ciabatas
2 ramos de hortelã

1 Derreta a manteiga em uma panela média em fogo baixo. Junte a cebolinha, refogue por 30 segundos e acrescente a água, as ervilhas, os ramos de hortelã e o caldo de legumes. Cozinhe em fogo baixo por 10 minutos.

2 Corte as ciabatas ao meio e torre ligeiramente. Retire a sopa do fogo e deixe esfriar por 10 minutos.

3 Bata no liquidificador até ficar cremosa. Disponha a sopa em pratos fundos, decore com a hortelã e sirva com o pão à parte.

RENDIMENTO 2 PORÇÕES

TEMPO DE PREPARO + COZIMENTO
5 + 20 minutos

CONSERVAÇÃO
Pode ser refrigerada por até 3 dias ou congelada por até 1 mês.

EXPERIMENTE...
servir com um pouco de coalhada temperada com cebolinha verde.

RICO EM...
ácido fólico, fibras, manganês e vitaminas A, C e K.

PROPRIEDADES
As ervilhas são excelentes para o humor e ricas em ácido fólico, crucial para o crescimento e o desenvolvimento neural e para prevenir a depressão.

RENDIMENTO 4 PORÇÕES

TEMPO DE PREPARO + COZIMENTO
10 + 20 minutos

CONSERVAÇÃO
Pode ser refrigerado por até 2 dias ou congelado por 1 mês.

EXPERIMENTE...
preparar com outras folhas verdes, como agrião e couve, ou com feijão.

RICO EM...
cálcio, enxofre, fibras, magnésio e vitaminas C e do complexo B.

PROPRIEDADES
Como o seu primo brócolis, o repolho possui propriedades desintoxicantes, sendo também rico em vitamina C, importante para o sistema imunológico.

caldo da primavera

O repolho não precisa ser um alimento sem graça. Cozido adequadamente, é saudável e saboroso, provedor de uma série de vitaminas e minerais necessários ao desenvolvimento infantil.

1 colher (sopa) de azeite de oliva
8 cebolinhas picadas
1 cebola picada
2 dentes de alho espremidos
175 g/⅔ xícara de repolho ralado
175 g/1½ xícara de espinafre picado
55 g/⅓ xícara de sementes de girassol
4 colheres (chá) de pesto comprado pronto
750 ml/3 xícaras de água
1 cubinho de caldo de legumes
25 g/⅓ de xícara de salsinha picada

1 Aqueça o azeite em uma panela. Junte a cebolinha verde, a cebola e o alho e refogue por 2 minutos. Acrescente os ingredientes restantes (menos a salsinha), tampe e cozinhe em fogo baixo por 15 minutos.

2 Retire do fogo e bata no liquidificador até ficar cremoso. Despeje em pratos fundos, decore com a salsinha e sirva.

71

brócolis com gengibre

Refogar os vegetais é uma das melhores formas de prepará-los, pois eles mantêm suas fibras e nutrientes. Ao preparar uma receita com vários ingredientes, como esta, podemos acrescentar pequenas quantidades de um alimento novo, para que a criança amplie seu repertório de sabores.

2 colheres (sopa) de óleo de girassol
250 g de brócolis picado
150 g de couve bem picada
1 dente de alho picado
2 colheres (chá) de gengibre picado
6 cebolinhas picadas
3 colheres (sopa) de shoyu
150 g de udon (macarrão oriental)
2 colheres (sopa) de gergelim
1 colher (sopa) de coentro picado

1 Aqueça o óleo em uma wok, acrescente o brócolis e a couve e refogue em fogo alto, agitando a panela continuamente, por 3-5 minutos. Junte o alho, o gengibre, a cebolinha e o shoyu, sem parar de mexer.

2 Junte o macarrão e o gergelim e, se necessário, acrescente mais shoyu. Continue a mexer por mais 3-5 minutos, até que os vegetais estejam levemente cozidos, mas crocantes.

3 Retire do fogo e sirva decorado com o coentro.

RENDIMENTO 2 PORÇÕES

TEMPO DE PREPARO + COZIMENTO
5 + 12 minutos

CONSERVAÇÃO
Este prato é delicioso servido frio e pode ser refrigerado por até 2 dias.

EXPERIMENTE...
servir com peito de frango.

RICO EM...
antioxidantes, cálcio, enxofre, fibras, magnésio e vitaminas do complexo B.

PROPRIEDADES
A combinação de gengibre e brócolis é uma das melhores coisas para manter a saúde do seu filho, pois contém milhares de antioxidantes.

72

RENDIMENTO 2 PORÇÕES

TEMPO DE PREPARO + COZIMENTO
5 + 20 minutos

CONSERVAÇÃO
O molho pode ser refrigerado por 2 a 3 dias, mas a massa deve ser fresca.

EXPERIMENTE...
servir com salada ou com pão integral e azeite de oliva.

RICO EM...
ácido fólico, ferro, magnésio, manganês e vitaminas A, C e K.

PROPRIEDADES
O espinafre é um excelente alimento, rico em nutrientes e em proteínas, além de ter propriedades antiinflamatórias e auxiliar na prevenção de muitas doenças.

tagliatelle ao pesto com espinafre

O pesto é uma ótima maneira de acrescentar um pouco de zinco a diversas preparações. Por conter alho, um bactericida e antiviral natural, é excelente para proteger as crianças contra doenças.

150 g de tagliatelle fresco de espinafre
4 colheres (sopa) de azeite de oliva
1 cebola descascada e picada
1 dente de alho descascado e cortado em fatias
55 g/⅓ de xícara de pinholes
100 g/½ xícara de espinafre picado
100 g/1 xícara de cogumelos fatiados
3 colheres (sopa) de pesto (de preferência de rúcula)
100 g/⅔ de xícara de queijo parmesão ralado

1 Cozinhe o tagliatelle em água fervente com 1 colher (sopa) do azeite até ficar *al dente*.

2 Aqueça o azeite restante, junte a cebola, o alho e os pinholes e refogue por 1 minuto. Acrescente o espinafre e o cogumelo e cozinhe em fogo baixo por 5 minutos. Adicione o pesto, cozinhe mexendo por 1 minuto e retire do fogo.

3 Escorra a massa e disponha em pratos individuais. Coloque o molho por cima e sirva com o queijo parmesão.

bolinhos de polenta e vegetais

A polenta contém os nutrientes do milho e é bastante versátil, podendo ser usada em diversas receitas, como nestes bolinhos.

2 colheres (sopa) de azeite de oliva
1 pimentão vermelho sem sementes picado
115 g de abobrinha fatiada
1 cebola roxa picada
115 g de brócolis picado
2 dentes de alho fatiados
115 g/1 xícara de cogumelos finamente fatiados
1½ litro/6 xícaras de água
280 g de polenta
85 g/½ xícara de queijo cheddar picadinho
2 colheres (sopa) de pesto
6 ramos de manjericão

1 Preaqueça o forno a 150°C. Aqueça o azeite em uma frigideira. Junte os vegetais e refogue por 3-4 minutos, até dourar ligeiramente.

2 Em uma panela, ferva a água e junte a polenta aos poucos. Cozinhe em fogo baixo, mexendo sempre, até a mistura desgrudar das laterais e engrossar. Retire do fogo e acrescente os vegetais e o queijo. Mexa bem e reserve.

3 Faça bolinhos, coloque-os em uma assadeira antiaderente e asse por 20 minutos. Sirva em pratos individuais, regue com o pesto e decore com o manjericão.

RENDIMENTO 2 PORÇÕES

TEMPO DE PREPARO + COZIMENTO
10 + 20 minutos

CONSERVAÇÃO
A massa pronta, mas não assada, pode ser refrigerada por até 2 dias ou congelada por até 1 mês.

EXPERIMENTE...
servir com a Sopa especial (ver p. 43).

RICO EM...
enxofre, lisina, magnésio, selênio e vitaminas C e do complexo B.

PROPRIEDADES
O milho contém altas doses do aminoácido lisina, particularmente eficiente na cura das viroses.

74

pimentões assados

RENDIMENTO 2 PORÇÕES

TEMPO DE PREPARO + COZIMENTO
10 + 30 minutos

CONSERVAÇÃO
Pode ser refrigerado por até 2 dias.

EXPERIMENTE...
servir com a Salada camponesa crocante (ver p. 92).

RICO EM...
ácido fólico, betacaroteno, fibras, gorduras benéficas e vitaminas A e C.

PROPRIEDADES
Os pimentões estimulam a produção de sucos digestivos, o que ajudará a criança a absorver o máximo possível dos nutrientes da refeição.

O pimentão pode ser encontrado em várias cores, mas o amarelo é o mais doce e mais suave. Vegetais recheados são uma boa maneira de introduzir novos alimentos às crianças.

6 pimentões amarelos
125 ml/½ xícara de água
55 g/¼ de xícara de cuscuz (semolina de trigo para cuscuz ou farinha de milho precozida)
1 colher (sopa) de azeite de oliva
1 cebola roxa picada
2 dentes de alho descascados e cortados em fatias finas
225 g de aspargos picados
115 g/1 xícara de espinafre
25 g/⅓ de xícara de pinholes
55 g/⅓ de xícara de queijo branco picado
1 colher (chá) de orégano
azeite de oliva para regar
25 g/⅓ de xícara de salsinha picada

1 Preaqueça o forno a 200°C. Corte uma tampa dos pimentões e retire as sementes. Ferva a água e adicione o cuscuz. Cozinhe em fogo baixo até absorver toda a água. Retire do fogo.
2 Aqueça o azeite e refogue a cebola, o alho, os aspargos, o espinafre e os pinholes, mexendo sempre, por 1-2 minutos. Retire do fogo, junte o queijo, o orégano e o cuscuz e misture. Recheie os pimentões e ponha-os em uma fôrma refratária.
3 Regue com azeite e asse por 10-15 minutos, até dourar ligeiramente. Decore com a salsinha.

quiche de cogumelo e espinafre

A quiche pode ser uma refeição completa. Você pode usar massa pronta, mas preparar em casa permite substituir a farinha de trigo pela de centeio – uma opção mais saudável.

125 g de manteiga
200 g/1⅓ de xícara de farinha de centeio
3 colheres (sopa) de castanhas-de-caju moídas
3 colheres (sopa) de água
115 g/1 xícara de espinafre
1 cebola picada
115 g/1 xícara de cogumelos fatiados
2 ovos inteiros
2 gemas
250 ml/1 xícara de creme de leite fresco
1 pitada de sal
115 g/⅔ de xícara de queijo branco picado

1 Preaqueça o forno a 200°C.
2 Coloque a manteiga (reserve metade), a farinha e as castanhas em uma vasilha e misture com as mãos até obter uma consistência de farofa. Junte a água e amasse. Abra a massa e transfira para uma fôrma de quiche de 20 cm de diâmetro.
3 Aqueça a manteiga restante e junte o espinafre, a cebola e os cogumelos. Refogue em fogo alto, mexendo sempre, por 5 minutos, ou até dourar.
4 Em uma vasilha à parte, misture os ovos, as gemas, o creme de leite e o sal. Disponha o refogado na massa, coloque o queijo branco e cubra com a mistura de creme de leite. Asse por 30 minutos.

RENDIMENTO 4 PORÇÕES

TEMPO DE PREPARO + COZIMENTO
30 + 30 minutos

CONSERVAÇÃO
Pode ser refrigerado por até 3 dias.

EXPERIMENTE...
servir com salada, no almoço.

RICO EM...
cálcio, fibras, magnésio, ômega-6, vitaminas do complexo B e zinco.

PROPRIEDADES
A farinha de centeio é uma excelente alternativa para a farinha de trigo, que pode gerar reações alérgicas, sendo também eficiente reguladora do nível de açúcar do sangue.

RENDIMENTO 4 PORÇÕES

TEMPO DE PREPARO + COZIMENTO
5 + 30 minutos

CONSERVAÇÃO
Refrigere cru por até 1 semana ou congele por até 3 semanas.

EXPERIMENTE...
servir com vegetais verdes frescos e cuscuz para uma refeição bem marroquina!

RICO EM...
betacaroteno, fibras, licopeno, proteínas e vitaminas do complexo B.

PROPRIEDADES
Os damascos são ricos tanto em licopeno quanto em betacaroteno, ajudando duplamente a proteger a vista, o coração e a pele.

V

trouxinhas de damasco

A comida do norte da África pode ser um grande sucesso entre as crianças, pois as frutas secas suavizam e adoçam os pratos salgados.

1 colher (sopa) de azeite de oliva
85 g/½ xícara de pinholes
½ pimentão vermelho sem sementes picado
2 dentes de alho fatiados
115 g/½ xícara de damasco seco picado
4 cebolinhas picadas
400 g de grão-de-bico cozido
115 g/½ xícara de queijo branco picado
25 g/¼ de xícara de manjericão picado
175 g/¾ de xícara de creme de leite fresco
280 g de massa filo

1 Preaqueça o forno a 190°C. Aqueça o azeite em uma panela. Junte os pinholes, o pimentão e o alho e refogue por 2 minutos. Acrescente o damasco, a cebolinha e o grão-de-bico e cozinhe em fogo baixo, mexendo sempre, por 2 minutos.
2 Em uma vasilha, despeje o refogado e misture-o com o queijo, o manjericão e o creme de leite.
3 Abra a massa e corte-a em quadrados com 7,5 cm de lado. Coloque o recheio no centro dos quadrados, dobre ao meio formando um triângulo e feche bem as bordas. Coloque em uma assadeira e asse por 15-20 minutos.

risoto de quinua com parmesão

A quinua é uma alternativa nutritiva para o arroz, rica em aminoácidos de que o corpo em crescimento necessita para fabricar proteínas. Também fornece uma boa dose de fibras.

250 ml/1 xícara de água
1 colher (sopa) de azeite de oliva
140 g de quinua
2 colheres (sopa) de óleo de girassol
2 abobrinhas cortadas em rodelas
140 g de aspargos picados
1 cebola picada
100 g de ervilhas congeladas
3 dentes de alho fatiados
100 g de queijo parmesão ralado

1 Aqueça a água em uma panela, junte o azeite e a quinua e cozinhe em fogo baixo por 15 minutos, até que a quinua engrosse e toda a água tenha sido absorvida.

2 Enquanto isso, aqueça o óleo em uma wok ou caçarola grande, junte a abobrinha, o aspargo e a cebola e cozinhe em fogo alto, mexendo sempre, por 5-6 minutos, até que os vegetais estejam tenros.

3 Adicione as ervilhas e o alho, abaixe o fogo e cozinhe, mexendo sempre, por mais 2 minutos. Acrescente a quinua e o parmesão, misture até que derreta e sirva em pratos individuais.

RENDIMENTO 4 PORÇÕES

TEMPO DE PREPARO + COZIMENTO
5 + 15 minutos

CONSERVAÇÃO
Este prato fica ótimo servido frio e pode ser refrigerado por até 3 dias.

EXPERIMENTE...
servir com uma salada ou como recheio para os Sanduíches com pão sírio (ver p. 63).

RICO EM...
fibras, magnésio, potássio, proteína e vitaminas do complexo B.

PROPRIEDADES
O aspargo é um vegetal altamente purificante, usado há séculos para auxiliar o fígado. É bom explicar à criança que o aspargo faz a urina ficar com um cheiro diferente.

78

RICO EM...
antioxidantes, licopeno e gorduras monoinsaturadas.

PROPRIEDADES
O óleo do manjericão, que confere à erva seu odor delicioso, possui propriedades antibacterianas.

tagliatelle com tomate e manjericão

Os tomates são ricos em vitamina C, que desempenha papel importante no sistema imunológico. Sua intensa cor vermelha se deve ao licopeno, outra substância antioxidante, cujas propriedades terapêuticas se tornam ainda melhores quando cozidas.

Os tomates orgânicos podem conter até três vezes mais licopeno do que os comuns, além de estarem livres dos agrotóxicos.

225 g de tagliatelle de espinafre
2 colheres (sopa) de azeite de oliva
1 cebola picada
1 dente de alho fatiado
1 lata (400 g) de tomate pelado picado
100 g de tomate-cereja
1 colher (chá) de orégano
100 g de espinafre
25 g/⅓ de xícara de manjericão picado
1 punhado de castanhas-do-pará

1 Cozinhe o tagliatelle em água fervente com metade do azeite até ficar *al dente*.

2 Enquanto isso, aqueça o azeite restante em uma panela, junte a cebola e o alho e refogue.

3 Junte os tomates, o orégano e o espinafre e mexa em fogo médio. Tampe e cozinhe por 10 minutos.

4 Escorra a massa e coloque em pratos individuais. Cubra com o molho e decore com o manjericão e as castanhas-do-pará picadas.

RENDIMENTO 2 PORÇÕES

TEMPO DE PREPARO + COZIMENTO
5 + 20 minutos

CONSERVAÇÃO
O molho pode ser refrigerado até 2 dias ou congelado por 1 mês.

EXPERIMENTE...
servir com espinafre, para uma refeição rica em ferro.

Para reduzir a liberação de açúcar no sangue, opte por uma massa menos processada e sem glúten, como a de trigo-sarraceno ou a de milho.

79

batatas com hortelã e castanhas

RENDIMENTO 4 PORÇÕES

TEMPO DE PREPARO + COZIMENTO
5 + 20 minutos

CONSERVAÇÃO
Pode ser refrigerado por até 3 dias.

EXPERIMENTE...
servir frias, com maionese.

RICO EM...
fibras, potássio e vitaminas C e do complexo B.

PROPRIEDADES
A hortelã possui propriedades calmantes, ajudando na digestão e combatendo problemas gastrintestinais. Perfeita para crianças com dor de estômago.

Incrementar as batatas com castanhas-de-caju aumenta a quantidade de fibras e proteínas e diminui a liberação de açúcar, estabilizando o nível de energia. Batatas cozidas ou no vapor são sempre melhores que as fritas, mas podem parecer sem graça para as crianças. Com hortelã e castanhas, elas se tornam mais apetitosas para o paladar mais jovem.

500 g de batatas
100 g de castanhas-de-caju
2 ramos de hortelã
25 g/1 colher (sopa) + 2 colheres (chá) de manteiga
2 colheres (sopa) de hortelã picada

1 Encha uma panela com água pela metade, ferva e junte as batatas, as castanhas e 1 ramo de hortelã. Cozinhe em fogo baixo por 15-20 minutos, até que as batatas estejam macias. Escorra e acrescente a manteiga e a hortelã picada, mexendo até que a manteiga derreta.

2 Ponha em uma travessa e decore com a hortelã restante.

couve-de-bruxelas com bacon

O bacon é um alimento popular entre adultos e crianças; seu sabor intenso ajuda a disfarçar o gosto da couve-de-bruxelas. Utilizado em porções reduzidas, o alto teor de antioxidantes e fibras compensa a gordura e o sal do bacon, enquanto a castanha-de-caju é uma fonte excelente de proteína vegetal.

400 g de couve-de-bruxelas limpas e sem as folhas externas
8 fatias de bacon bem picadas
100 g/½ xícara de castanhas-de-caju picadas
55 g/⅓ de xícara de ameixas-pretas picadas
3 colheres (sopa) de azeite de oliva

1 Preaqueça o forno a 200°C. Encha uma panela com água pela metade, ferva e acrescente a couve-de-bruxelas. Tampe, cozinhe em fogo baixo por 10 minutos e escorra.
2 Coloque a couve-de-bruxelas, o bacon, as castanhas e as ameixas em uma fôrma refratária média. Regue com o azeite e asse por 20 minutos. Sirva imediatamente.

RENDIMENTO 4 PORÇÕES

TEMPO DE PREPARO + COZIMENTO
10 + 30 minutos

CONSERVAÇÃO
Pode ser refrigerado por 1 dia e reaquecido.

EXPERIMENTE...
servir como sopa, acrescentando caldo de legumes e água e batendo no liquidificador.

RICO EM...
antioxidantes, enxofre, fibras, proteínas e vitaminas do complexo B.

PROPRIEDADES
A ameixa é um dos alimentos que possuem maior quantidade de antioxidantes, sendo, portanto, excelente contra os radicais livres.

18

vegetais asiáticos

RENDIMENTO 4 PORÇÕES

TEMPO DE PREPARO + COZIMENTO
5 + 5 minutos

CONSERVAÇÃO
Pode ser refrigerado até o dia seguinte e servido como salada.

EXPERIMENTE...
servir com macarrão, para uma refeição completa e nutritiva.

RICO EM...
antioxidantes, fibras, ômega-6, vitaminas E e do complexo B e zinco.

PROPRIEDADES
Os brotos de feijão possuem alto nível de zinco e vitaminas do complexo B, porque, como as crianças, ainda estão em fase de crescimento, concentrando boas qualidades em seu tamanho reduzido.

Esta receita possui um sabor suave e uma textura crocante que as crianças costumam apreciar. No refogado, os alimentos mantêm seu valor nutritivo, já que o suco liberado pelos vegetais é mantido. Quando cozinhamos os vegetais, o suco é descartado junto com a água.

3 colheres (sopa) de óleo de girassol
350 g de folhas de pak choi (couve-chinesa)
1 colher (chá) de gengibre ralado
8 cebolinhas verdes picadas
225 g/1 xícara de brotos de feijão
2 colheres (sopa) de gergelim
2 colheres (sopa) de shoyu

1 Aqueça o óleo em uma wok, junte o pak choi e refogue em fogo alto por 2 minutos.

2 Junte o gengibre, a cebolinha e o broto de feijão e mexa continuamente em fogo alto por 2-3 minutos, até que os vegetais estejam tenros.

3 Adicione o gergelim e o shoyu, retire do fogo e sirva em tigelas fundas individuais.

82

arroz com coco

Convencer as crianças a consumir grãos integrais pode ser uma tarefa desafiadora, principalmente se elas estão acostumadas às versões refinadas e brancas, mas esta receita ajudará. Ela possui um sabor ligeiramente adocicado que combina com peixes, ensopados picantes e carneiro, disfarçando o sabor mais forte do arroz integral.

300 g/2 xícaras de arroz integral
50 g/⅔ de xícara de coco ralado
2 cravos
2 sementes de cardamomo
1 colher (chá) de canela em pó
25 g/⅓ de xícara de salsinha picada

1 Encha uma panela com água pela metade, ferva e junte o arroz e o coco. Tampe e cozinhe em fogo baixo por 10 minutos. Escorra, lave com água quente e coloque de volta na panela.

2 Acrescente os ingredientes restantes e 1 colher de água, tampe e cozinhe em fogo baixo por 10 minutos, mexendo de vez em quando, até obter uma consistência cremosa. Retire do fogo e sirva decorado com a salsinha picada.

RENDIMENTO 4 PORÇÕES

TEMPO DE PREPARO + COZIMENTO
5 + 20 minutos

CONSERVAÇÃO
Pode ser refrigerado por 24 horas, no máximo.

EXPERIMENTE...
servir com o Ensopado indiano (ver p. 57).

RICO EM...
fibras, magnésio, manganês, selênio, triptofano e vitaminas do complexo B.

PROPRIEDADES
O arroz integral é uma excelente fonte de fibras, vitaminas do complexo B e manganês, elementos fundamentais para equilibrar o nível de açúcar no sangue.

SOBREMESAS

Bolos, tortas e sorvetes contêm geralmente muito açúcar refinado, gorduras saturadas e outros ingredientes sem nenhum valor nutricional, ou até prejudiciais à saúde. Comidas e doces prontos são tão cheios de aditivos que causam hiperatividade e alterações constantes de humor. A boa notícia é que as sobremesas não precisam ser assim. As receitas deste capítulo são ricas em ingredientes saudáveis, como frutas e canela, que adoçam naturalmente. São pratos deliciosos, nutritivos e perfeitos para deixar de lado os pudins, bolos e doces industrializados.

RENDIMENTO 4 PORÇÕES

TEMPO DE PREPARO
20 minutos + congelamento

CONSERVAÇÃO
Pode ser congelado por até 1 mês.

EXPERIMENTE...
preparar com pêssegos, nectarinas, damascos e morango.

RICO EM...
antocianidina, antioxidantes, ácido elágico, fibras e vitamina C.

PROPRIEDADES
As amoras contêm bastante ácido elágico, que, segundo estudos, é importante no combate às inflamações e no processo de desintoxicação do organismo.

sorvete de amora e maçã

Esta é uma boa maneira de acrescentar frutas à dieta da criança. Apesar do sorvete conter açúcar, os nutrientes das frutas amenizam seus efeitos no organismo. Você pode usar framboesas ou morangos, mas as amoras são particularmente ricas em antioxidantes e fibras, que ajudam a prevenir e combater inflamações.

250 ml/1 xícara de água
115 g/½ xícara de açúcar mascavo
2 maçãs descascadas, sem sementes e picadas
115 g/½ xícara de amora congelada
suco de 2 limões

1 Coloque a água com o açúcar em uma panela e misture até que dissolva.

2 Junte os outros ingredientes e leve ao fogo baixo por 5-7 minutos, até a mistura engrossar ligeiramente.

3 Retire do fogo e deixe esfriar por 1 hora. Coloque em moldes para sorvete ou em fôrmas de gelo e congele.

84

sorvete de banana e coco

Esta é uma receita deliciosa. O coco, adocicado, reduz a necessidade de açúcar; além disso, o preparo não leva leite. Diferentemente da maioria, este sorvete fornece gorduras saudáveis e auxilia o sistema imunológico.

60 ml/¼ de xícara de água fria
2 colheres (chá) de gelatina em pó sem sabor
4 colheres (sopa) de mel
500 ml/2 xícaras de leite de soja sabor baunilha
2 bananas amassadas
1 colher (chá) de essência de baunilha
55 g/¼ de xícara de coco fresco ralado
400 ml de leite de coco

1 Coloque a água em uma tigelinha, polvilhe com a gelatina e deixe descansar por 5 minutos. Coloque em banho-maria até que a gelatina dissolva. Reserve.

2 Em uma panela, misture o mel e o leite de soja. Leve ao fogo baixo, sem deixar ferver, por 2 minutos.

3 Adicione a gelatina, mexa bem e acrescente os ingredientes restantes. Coloque a mistura em uma vasilha e deixe esfriar por 10 minutos. Leve à geladeira por no mínimo 3 horas.

4 Coloque na sorveteira ou em uma vasilha apropriada para congelar e guarde no freezer até o dia seguinte.

RENDIMENTO 4 PORÇÕES

TEMPO DE PREPARO
15 minutos + resfriamento + congelamento

CONSERVAÇÃO
Pode ser guardado no freezer por até 2 meses.

EXPERIMENTE...
servir com a Sobremesa morninha de abóbora e laranja (ver p. 132).

RICO EM...
gorduras benéficas, manganês, potássio e vitamina B6.

PROPRIEDADES
O coco possui manganês, que auxilia o organismo a produzir energia.

RENDIMENTO 10 CASQUINHAS

TEMPO DE PREPARO
30 minutos + congelamento

CONSERVAÇÃO
Pode ser congelado por até 1 mês.

EXPERIMENTE...
preparar com limão em vez de laranja e servir com calda de framboesa.

RICO EM...
antioxidantes e vitamina C.

PROPRIEDADES
As frutas cítricas possuem no mínimo 170 substâncias químicas vegetais diferentes e mais de 60 flavonóides antioxidantes, que as tornam excelentes para a imunidade e para reduzir inflamações.

casquinhas de laranja do esquimó

Esta receita é muito fácil de preparar e é um sucesso nas festas. Muitas das propriedades benéficas das frutas cítricas se encontram bem no miolo, portanto, quando o remexemos a fim de retirar a polpa, aumentamos ainda mais sua potencialidade. O alto teor de vitamina C protege contra as doenças e auxilia o corpo a absorver o ferro dos alimentos.

1 clara de ovo
10 laranjas
raspa e suco de 2 limões
raspa e suco de 1 laranja
200 g/1 xícara de açúcar mascavo
600 ml/2½ xícaras de água fervente

1 Corte os topos das laranjas e reserve. Retire a polpa das 10 laranjas e guarde as cascas. Coloque no liquidificador a polpa e o suco de duas laranjas junto com o suco e a raspa dos limões e das laranjas.

2 Em uma vasilha, mexa a água fervente e o açúcar até dissolver. Deixe esfriar e bata no liquidificador com a clara do ovo.

3 Ponha a mistura nas cascas das laranjas e tampe com os topos. Envolva-as em filme de PVC e congele. Você pode aproveitar a polpa não utilizada das outras oito laranjas, oferecendo um suco a seu filho enquanto ele ajuda no preparo.

98

geladinhos celestiais de iogurte

A textura e o sabor desses geladinhos são tão próximos aos do sorvete que as crianças não vão acreditar que estão comendo algo saudável. O iogurte "vivo" acrescenta ainda mais benefícios à digestão e à imunidade da criança, pois contém altos níveis de bactérias benéficas.

500 g/2½ xícaras de iogurte natural

150 g de blueberries congeladas

suco de ½ limão

1 Em uma tigela, misture bem todos os ingredientes. Coloque em forminhas para picolé e insira os palitos.

2 Leve ao freezer por no mínimo 2 horas.

RENDIMENTO 4 PORÇÕES

TEMPO DE PREPARO
10 minutos + congelamento

CONSERVAÇÃO
Podem ser congelados por até 1 mês.

EXPERIMENTE...
preparar com banana e morango no lugar das blueberries.

RICO EM...
antocianidina, bactérias benéficas, manganês e vitamina C.

PROPRIEDADES
A blueberry, assim como as outras frutas vermelhas, com sua cor intensa, é rica em antocianidinas, compostos antioxidantes que auxiliam o desenvolvimento dos tecidos e das veias da criança durante o crescimento.

RENDIMENTO 4 PORÇÕES

TEMPO DE PREPARO
20 minutos + resfriamento

CONSERVAÇÃO
As gelatinas podem ser mantidas em geladeira por até 4 dias. A calda de framboesa, por até 1 semana, ou congelada por até 1 mês.

EXPERIMENTE...
preparar com rodelas de outras frutas, como pêssego, morango ou laranja.

RICO EM...
ácido elágico, iodo, proteína, minerais e vitamina C.

PROPRIEDADES
O iodo contido na gelatina vegetal é importante para a ação da tireóide, que ajuda a criança a produzir a energia necessária ao crescimento.

ilhas glub-glub

As gelatinas estão voltando à moda e, para prepará-las, utilizamos uma alternativa melhor do que a gelatina tradicional – a gelatina vegetal (ágar-ágar), encontrada em lojas de produtos naturais. Feita de algas, é rica em proteínas, iodo e outros minerais importantes. Além disso, solidifica mais rapidamente e seu filho nem perceberá a diferença.

85 g de gelatina vegetal com sabor de frutas
600 ml/2½ xícaras de água fervente
4 rodelas de limão
175 g/1 xícara de framboesas congeladas
2 colheres (sopa) de açúcar de confeiteiro
4 folhas de manjericão

1 Coloque a gelatina em uma vasilha e despeje a água fervente por cima. Mexa até que a gelatina dissolva.

2 Coloque 1 rodela de limão no fundo de 4 forminhas individuais e preencha com a gelatina. Leve à geladeira por 1 hora ou até que esteja firme.

3 Bata as framboesas com o açúcar no liquidificador e passe pela peneira.

4 Desenforme as gelatinas em pratinhos e em volta despeje a calda de framboesa. Decore com o manjericão.

hula-hula havaiano

Os povos que consomem mais coco apresentam menos doenças do coração e obesidade. Portanto, esta é uma ótima receita para crianças.

400 ml de leite de coco
2 favas de baunilha
4 abacaxis pequenos
1 coco, sendo ¼ ralado + 4 pedaços
4 ramos de hortelã

1 Despeje o leite de coco em uma vasilha, junte a baunilha e leve à geladeira por 2 horas.

2 Retire as coroas dos abacaxis e reserve. Retire a polpa deixando a casca intacta. Retire o miolo e corte em pedaços. Reserve 4 pedaços e coloque o restante no liquidificador. Junte o leite de coco e bata bem. Despeje no interior das cascas de abacaxi.

3 Por cima, coloque o coco ralado. Espete os pedaços de abacaxi e de coco em palitinhos de coquetel e finque-os na lateral dos abacaxis. Decore com a hortelã e recoloque as coroas dos abacaxis.

RENDIMENTO 4 PORÇÕES

TEMPO DE PREPARO
20 minutos + resfriamento

CONSERVAÇÃO
Refrigere por até 24 horas.

EXPERIMENTE...
servir com fatias de manga e banana.

RICO EM...
gorduras benéficas, manganês, potássio e vitamina B6.

PROPRIEDADES
Rico em potássio, o coco é um isotônico natural: sua composição de minerais é semelhante à do nosso plasma sanguíneo, o que ajuda a manter o equilíbrio desses nutrientes. Além disso, é hidratante.

salada refrescante bicolor

RENDIMENTO 4 PORÇÕES

TEMPO DE PREPARO
10 minutos

CONSERVAÇÃO
Pode ser refrigerado por até 24 horas.

EXPERIMENTE...
acrescentar rodelas de banana e pedaços de abacaxi.

RICO EM...
betacaroteno, licopeno, potássio e vitaminas A, B1, B6 e C.

PROPRIEDADES
A melancia é rica em vitaminas A e C e pobre em calorias – excelente para toda família.

Esta é uma sobremesa refrescante, divertida e muito fácil de preparar. O licopeno, substância antioxidante responsável pela cor vermelha de alimentos como o tomate, está presente em altas quantidades na melancia.

1 melancia
3 maracujás
3 limões

1 Corte a polpa da melancia em triângulos ou cubos e disponha em uma travessa grande.
2 Corte os maracujás ao meio e retire a polpa. Misture com o suco de dois limões e distribua sobre a melancia.
3 Fatie o limão restante e decore as bordas do prato.

espetinhos tropicais

O mamão papaia contém uma enzima chamada papaína, que ajuda na digestão de proteínas – e o abacaxi, por sua vez, possui bromelina, que tem a mesma função. Essas frutas são, portanto, excelentes para ser consumidas após um jantar à base de carne vermelha, especialmente se a criança sofre de inchaço ou gases.

115 g de amoras
2 colheres (sopa) de açúcar mascavo
80 ml/⅓ de xícara de água
1 abacaxi
2 mamões papaia
2 kiwis
4 limões

1 Coloque as amoras, o açúcar e a água em uma panela, ferva e cozinhe em fogo baixo por 10-15 minutos, até engrossar. Retire do fogo, passe por uma peneira e leve à geladeira por 2 horas.

2 Retire a coroa e a casca do abacaxi e descasque os papaias, retirando as sementes. Corte ambos em cubos com 2,5 cm de lado. Descasque o kiwi e corte-o em rodelas grossas. Corte o limão em fatias.

3 Coloque as frutas alternadamente em espetinhos.

4 Disponha 2 espetinhos em cada prato, regue com a calda e decore com fatias de limão.

RENDIMENTO 4 PORÇÕES

TEMPO DE PREPARO + COZIMENTO
10 + 15 minutos

CONSERVAÇÃO
Pode ser refrigerado por até 12 horas.

EXPERIMENTE...
preparar com outras frutas, como morango, banana, melão e maçã.

RICO EM...
antioxidantes, enzimas que auxiliam na digestão de proteínas, fibras, manganês e vitamina C.

PROPRIEDADES
A bromelina, a papaína e a vitamina C possuem propriedades antiinflamatórias que aliviam os sintomas de eczemas, asma e psoríase.

iogurte com frutas vermelhas

RICO EM...
antocianidina, bactérias benéficas, fibras, manganês e vitamina C.

PROPRIEDADES
As frutas vermelhas possuem grande quantidade de vitamina C e antioxidantes, que auxiliam na prevenção de certas doenças, como o câncer.

A mistura de frutas vermelhas é bem-vinda em qualquer dieta infantil. As cores fortes e vibrantes resultam da antocianidina, substância protetora que encoraja a boa memória e o aprendizado, além

de melhorar a circulação e a saúde cardíaca. Estudos têm demonstrado que essas frutas também auxiliam o fígado na eliminação das toxinas do organismo.

2 copinhos/400 g de iogurte natural
suco de 1 limão
115 g/½ xícara de granola
550 g/2 xícaras de frutas vermelhas, como amora, framboesa, morango e blueberries misturadas
4 ramos de hortelã

1 Coloque o iogurte em uma vasilha, junte o suco de limão e a granola e misture bem.

2 Separe 4 copos; disponha 2 colheres (sopa) da mistura de iogurte em cada um dos copos e, por cima, coloque 2 colheres (sopa) de frutas vermelhas. Repita as camadas até encher o copo, terminando com a camada de frutas.

3 Decore com a hortelã.

RENDIMENTO 4 PORÇÕES

TEMPO DE PREPARO
10 minutos

CONSERVAÇÃO
Pode ser refrigerado por até 24 horas.

EXPERIMENTE...
Substituir por outras combinações de frutas.

A criança intolerante ao glúten também pode reagir à granola. Prove uma versão sem glúten.

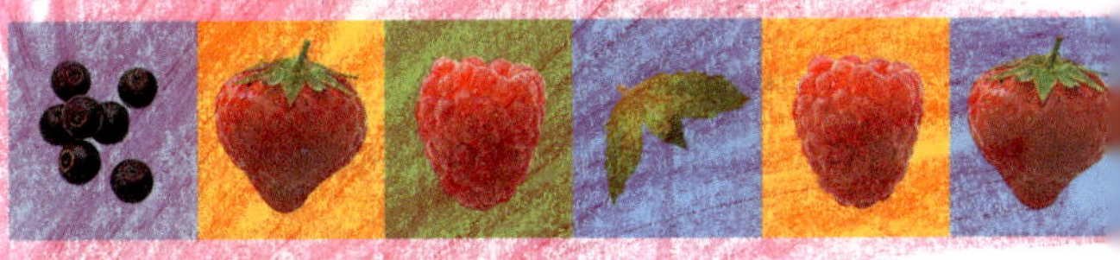

92

sobremesa morninha de abóbora e laranja

RENDIMENTO 4 PORÇÕES

TEMPO DE PREPARO + COZIMENTO
15 + 40 minutos

CONSERVAÇÃO
Pode ser congelado sem assar por até 1 mês.

EXPERIMENTE...
servir com creme de leite fresco ou Sorvete de banana e coco (ver p. 123).

RICO EM...
betacaroteno, cálcio, ferro, magnésio, manganês, vitaminas A e C e zinco.

PROPRIEDADES
O manganês contido na abóbora fornece antioxidantes que ajudam a proteger contra os radicais livres, enquanto o ferro melhora a oxigenação do sangue.

Rica em nutrientes, a abóbora é um superalimento, que pode ser utilizado em preparações salgadas e doces. Esta sobremesa não é das mais comuns, mas experimente-a pelo menos uma vez e observe o resultado!

115 g/1 xícara de farinha de trigo
1 colher (chá) de fermento em pó
175 g/¾ de xícara de açúcar mascavo
55 g/3½ colheres de sopa de manteiga
2 ovos
1 colher (chá) de canela em pó
¼ de colher (chá) de gengibre ralado
300 g/1 lata de leite
400 g de abóbora picada
3 laranjas cortadas em pedaços

1 Preaqueça o forno a 200°C. Coloque a farinha, o fermento e ¼ de xícara do açúcar em uma vasilha, junte a manteiga e misture com as mãos, até obter uma consistência de farofa.

2 Em uma tigela, bata os ovos com um garfo e junte as especiarias, o leite e o açúcar restante.

3 Coloque a abóbora e a laranja em uma fôrma refratária com borda alta. Despeje a mistura de ovos por cima e cubra com a mistura de farinha. Asse por 30-40 minutos, até que a cobertura esteja dourada. Retire do forno e sirva.

93

vulcões de maçã

Acredite se quiser, mas a maçã é uma boa fonte de proteínas – elas asseguram que o açúcar contido na fruta, a frutose, seja liberado aos poucos no organismo da criança.

4 maçãs inteiras, sem o miolo e a haste
115 g/1 xícara de uvas-passas
4 colheres (sopa) de pinholes
12 cravos
2 colheres (chá) de canela em pó
4 colheres (sopa) de melado
600 ml/2½ xícaras de leite
2 favas de baunilha
6 gemas
55 g/¼ de xícara de açúcar mascavo

1 Preaqueça o forno a 200°C. Forre uma assadeira com papel-alumínio, deixando sobras do papel nas laterais para poder cobrir as maçãs. Disponha as maçãs e espete 3 cravos em cada uma. Preencha a cavidade das maçãs com as uvas-passas e os pinholes. Polvilhe com a canela e regue com o melado. Cubra com o papel e asse por 15 minutos.
2 Aqueça o leite em uma panela sem deixar ferver. Junte a baunilha, retire do fogo e deixe descansar por 10 minutos.
3 Bata bem as gemas com o açúcar até engrossar. Retire as favas de baunilha do leite. Acrescente o leite aos poucos, batendo delicadamente. Coloque em uma panela antiaderente e leve ao fogo baixo, mexendo sempre, até engrossar. Retire as maçãs do fogo e sirva com a calda de baunilha.

RENDIMENTO 4 PORÇÕES

TEMPO DE PREPARO + COZIMENTO
10 + 15 minutos

CONSERVAÇÃO
Sirva imediatamente.

EXPERIMENTE...
servir com sorvete orgânico e sem leite e/ou derivados.

RICO EM...
fibras, selênio, triptofano e vitaminas C, K e do complexo B.

PROPRIEDADES
As fibras solúveis e insolúveis da maçã tornam-na perfeita para regularizar os movimentos intestinais.

94

pudim de pão com mel

RENDIMENTO 4 PORÇÕES

TEMPO DE PREPARO + COZIMENTO
10 + 30 minutos

CONSERVAÇÃO
Pode ser congelado sem assar por até 1 mês. Depois de assado, pode ser refrigerado por até 3 dias.

EXPERIMENTE...
servir com iogurte natural ou calda de baunilha.

RICO EM...
cálcio, fibras, magnésio, ômega-3, ômega-6, vitaminas do complexo B e zinco.

PROPRIEDADES
As sementes de abóbora são ricas em zinco, que ajuda a abóbora a crescer enquanto ela está na terra. Ele terá o mesmo efeito nas crianças.

Esta é uma versão saudável do renomado pudim de pão. A utilização do pão integral aumenta a quantidade de fibras e é ideal para os que normalmente não o comeriam, uma vez que nesta preparação ele fica disfarçado.

400 g de pão integral
55 g/3½ colheres (sopa) de manteiga
150 g de mel claro orgânico
3 colheres (sopa) de uvas-passas
2 colheres (sopa) de pinholes
2 colheres (sopa) de semente de abóbora
300 ml/1¼ de xícara de leite de soja
3 ovos
1 colher (chá) de canela em pó

1 Preaqueça o forno a 220°C. Corte o pão em 11 fatias, retire a casca e espalhe a manteiga e o mel. Corte cada fatia diagonalmente, formando dois triângulos.

2 Em uma tigela, misture as passas, os pinholes e as sementes de abóbora.

3 Forre o fundo de uma fôrma refratária com os triângulos de pão. Por cima, espalhe um pouco da mistura de passas e repita as camadas de pão e de mistura de passas até acabar os ingredientes.

4 Coloque o leite de soja em uma jarra, junte os ovos e a canela e misture bem. Despeja na fôrma e deixe descansar por 10 minutos. Asse por 20-30 minutos, até dourar.

95

crespinhos de maçã

Usar aveia nas receitas doces faz bem à saúde. Ela possui baixo índice glicêmico, fazendo com que o açúcar contido nessas receitas seja liberado lentamente. O melado também fornece minerais que ajudam a regular o nível de açúcar no sangue.

55 g/3½ colheres (sopa) de manteiga
2 colheres (sopa) de melado
2 colheres (sopa) de glucose de milho
115 g/1 xícara de aveia em flocos
2 maçãs raladas

1 Preaqueça o forno a 170°C. Coloque a manteiga, o melado e a glucose em uma panela pequena e derreta em fogo baixo. Misture a aveia e as maçãs em uma tigela, acrescente a mistura de manteiga e mexa bem.

2 Com auxílio de uma colher de chá, forme bolinhas com a massa e disponha em uma assadeira untada. Asse por 15 minutos, ou até dourar. Deixe esfriar e sirva.

RENDIMENTO 10 CRESPINHOS

TEMPO DE PREPARO + COZIMENTO
10 + 15 minutos

CONSERVAÇÃO
Os crespinhos podem ser guardados por até 2 semanas em recipiente hermeticamente fechado.

EXPERIMENTE...
servir com creme de leite fresco ou iogurte.

RICO EM...
cálcio, ferro, fibras, manganês, potássio, selênio e triptofano.

PROPRIEDADES
A aveia possui betaglucano, uma fibra que auxilia na remoção de toxinas do organismo.

V

estrelinhas de gengibre

RENDIMENTO 12 A 15 UNIDADES

TEMPO DE PREPARO + COZIMENTO
15 + 20 minutos

CONSERVAÇÃO
Os biscoitos podem ser guardados por até 2 semanas em recipiente hermeticamente fechado.

EXPERIMENTE...
esmigalhar e servir como cobertura de sorvete.

RICO EM...
antioxidantes.

PROPRIEDADES
O gengibre é antiinflamatório e melhora a circulação.

O gengibre – utilizado nestes biscoitos – ajuda a reduzir os efeitos nocivos do açúcar e tem propriedades antiinflamatórias e antioxidantes. Estas estrelinhas são muito nutritivas e saciam a fome rapidamente, portanto a criança não comerá muitas.

40 g/2½ colheres (sopa) de manteiga
55 g/¼ de xícara de açúcar mascavo
55 g/⅓ de xícara de glucose de milho
115 g/1 xícara de farinha de trigo
1 colher (chá) de gengibre ralado
½ colher (chá) de bicarbonato de sódio

1 Preaqueça o forno a 180°C. Coloque a manteiga, o açúcar e a glucose em uma panela pequena e derreta em fogo baixo. Coloque os ingredientes restantes em uma vasilha; retire a panela do fogo, acrescentando o conteúdo à vasilha.
2 Mexa com uma colher de pau até a massa soltar das laterais. Abra-a com um rolo e corte 12-15 biscoitos com um cortador em formato de estrela. Coloque-os em uma assadeira antiaderente e asse por 15-20 minutos, até dourar. Retire do fogo e deixe esfriar.

67

V

corações de geléia

Mesmo as pequenas mudanças fazem diferença – nesta receita, o segredo é escolher geléia caseira. As industriais costumam conter aromas artificiais de fruta; por isso cheque bem a embalagem e prefira uma que contenha a fruta *in natura*.

115 g/1 xícara de farinha de trigo
55 g/¼ de xícara de açúcar mascavo
55 g/3½ colheres (sopa) de manteiga
2 colheres (sopa) de água
115 g/½ xícara de geléia de morango

1 Preaqueça o forno a 200°C. Coloque a farinha em uma vasilha, junte o açúcar e a manteiga e misture com as mãos.
2 Adicione 1 colher de água e mexa bem. Se necessário, acrescente mais água, amassando bem com as mãos, até que a massa esteja uniforme. Abra-a com um rolo em uma superfície enfarinhada.
3 Com um cortador redondo médio, corte 12-15 círculos e disponha-os em uma assadeira antiaderente untada. No centro de cada biscoito, coloque 1 colher de geléia e asse por 15-20 minutos, até que doure. Retire do forno e deixe esfriar antes de servir.

RENDIMENTO 12 A 15 UNIDADES

TEMPO DE PREPARO + COZIMENTO
15 + 20 minutos

CONSERVAÇÃO
Os biscoitos podem ser guardados por até 2 semanas em recipiente hermeticamente fechado.

EXPERIMENTE...
preparar com geléia de damasco, ou partir morangos ao meio e colocar cada metade sobre um biscoito, na hora de servir.

RICO EM...
ácido elágico, manganês e vitaminas A e K.

PROPRIEDADES
O morango é rico em ácido elágico e antioxidantes, que melhoram a imunidade da criança e protegem o fígado.

fondue de coco e chocolate

RENDIMENTO 8 PORÇÕES

TEMPO DE PREPARO
25 minutos

CONSERVAÇÃO
As caldas podem ser refrigeradas por até 2 dias, mas as frutas devem ser consumidas na hora.

EXPERIMENTE...
preparar com todos os tipos de frutas e, se a criança tiver mais de 5 anos, variar o sabor, adicionando nozes picadas.

RICO EM...
betacaroteno, fibras, manganês, potássio e vitamina C.

PROPRIEDADES
A banana é rica em vitamina B6, necessária para a produção de energia, e que auxilia na produção do hormônio serotonina.

Esta receita deliciosa contém uma variedade de frutas. Ideal para festas!

280 g de morangos
6 bananas
1 abacaxi
8 pêssegos
200 ml de leite de coco
½ colher (chá) de essência de baunilha
55 g/¼ de xícara de açúcar mascavo
200 g de cream cheese
175 g de chocolate ao leite picado
1 colher (chá) de cacau em pó
2 ramos de hortelã

1 Descasque todas as frutas e pique-as em cubos de cerca de 2,5 cm de lado.

2 Bata o leite de coco, a baunilha, o açúcar e metade do cream cheese no liquidificador, até obter uma mistura cremosa.

3 Derreta o chocolate em uma panela em banho-maria ou em fogo bem baixo e acrescente o queijo cremoso restante e o cacau. Mexa bem.

4 Despeje as duas caldas em tigelinhas separadas e coloque no centro de uma travessa grande. Em volta, disponha as frutas alternadamente. Decore as caldas com os ramos de hortelã e sirva com palitinhos de churrasco ou de coquetel.

99

bolo de festa

A adição de nozes e canela ajuda a reduzir a quantidade de açúcar necessária para a massa e regula o nível de açúcar no sangue – tornando este bolo ideal para qualquer comemoração.

200 g/1⅔ de xícara de farinha de trigo com fermento
1 colher (chá) de canela em pó
1 colher (chá) de noz-moscada ralada
115 g/½ xícara de manteiga
55 g/⅓ de xícara de nozes moídas
55 g/½ xícara de uvas-passas
2 maçãs sem sementes raladas
1 colher (sopa) de casca de limão ralada
3 ovos
60 ml/¼ de xícara de suco de maçã

1 Preaqueça o forno a 180°C e unte uma fôrma com 23 cm de diâmetro. Em uma vasilha, coloque a farinha, a canela, a noz-moscada e a manteiga e misture com a ponta dos dedos.
2 Junte os ingredientes restantes e bata com uma colher de pau até que a massa esteja uniforme. Despeje na fôrma preparada e alise a superfície. Asse por 40-50 minutos, até que o bolo esteja crescido e levemente dourado.

RENDIMENTO 10 PORÇÕES

TEMPO DE PREPARO + COZIMENTO
15 + 50 minutos

CONSERVAÇÃO
O bolo pode ser refrigerado por até 3 semanas.

EXPERIMENTE...
servir com a cobertura cítrica da receita Mordidas do coelho (ver p. 140).

RICO EM...
cálcio, magnésio, ômega-3, ômega-6, vitaminas do complexo B e zinco.

PROPRIEDADES
As nozes são uma das melhores fontes vegetais de ômega-3; estudos têm demonstrado que elas melhoram o funcionamento mental e são um potente antidepressivo natural.

100

mordidas do coelho

RICO EM...
antioxidantes, betacaroteno, boro, cálcio, fibras, magnésio, ômega-3, ômega-6 e vitaminas do complexo B.

PROPRIEDADES
As uvas-passas são uma boa maneira de adoçar as preparações e provêm bons níveis de boro, um mineral essencial para o crescimento dos ossos.

A canela, a cenoura, as nozes, os ovos e o gengibre desta receita ajudam a reduzir a velocidade de liberação de açúcar no sangue. Esses ingredientes também beneficiam a digestão, o sistema imunológico e o desenvolvimento cerebral infantil.

125 ml/½ xícara de azeite de oliva
115 g/½ xícara de açúcar mascavo
1 colher (chá) de canela em pó
½ colher (chá) de gengibre em pó
55 g de nozes picadas
55 g de uvas-passas
225 g de cenoura ralada
raspas de 2 laranjas
150 g de farinha de trigo com fermento
2 ovos
1 colher (chá) de extrato de baunilha
25 g/1½ colher (sopa) de manteiga
115 g de cream cheese
85 g/⅓ de xícara de açúcar de confeiteiro
raspas de 1 limão
½ colher (sopa) de suco de limão

1 Preaqueça o forno a 200°C. Coloque o azeite, o açúcar, as especiarias, as nozes, as passas, a cenoura e metade das raspas em uma vasilha. Mexa bem e acrescente a farinha, os ovos e o extrato de baunilha. Bata bem até a massa ficar lisa e macia.

2 Disponha em 12 fôrmas de empadinha pequenas – cerca de 1 colher (sopa) de massa em cada – e asse por 30 minutos, até dourar ligeiramente. Deixe esfriar por 30 minutos.

3 Prepare a cobertura: coloque os ingredientes restantes (reserve um pouco da raspa de limão) em uma vasilha e misture bem, até obter um creme. Cubra os bolinhos com 1 colher (sopa) da cobertura e decore com as raspas restantes.

RENDIMENTO 12 PORÇÕES

TEMPO DE PREPARO + COZIMENTO
10 + 30 minutos

CONSERVAÇÃO
Os bolinhos sem a cobertura podem ser guardados por até 2 semanas em recipiente hermeticamente fechado; uma vez cobertos, devem ser consumidos em até 3 dias.

EXPERIMENTE...
substituir metade da cenoura por maçã ralada, ou acrescentar banana.

Se necessário, adquira substitutos de ovos em lojas de produtos naturais.

índice

AGRADECIMENTOS

Charlotte Watts
Meus agradecimentos a Mark e a papai por seu apoio, interesse e paciência!

Gemini Adams
Minha profunda gratidão à vovó Hambly e à vovó Glasses, que tanto tempo dedicaram para compartilhar comigo seu conhecimento e seus segredos culinários.

Este livro foi impresso em CTP, em julho de 2007, pela Lis Gráfica, sobre papel offset 120 g/m².